마침내 다가온 선택의 시간
AI 레볼루션

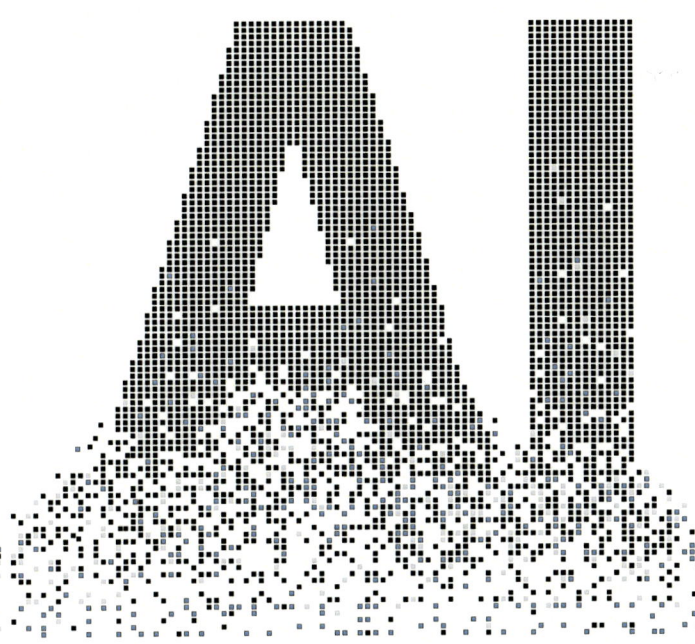

레볼루션

장세훈 지음

"마침내 다가온 선택의 시간"

| 들어가며 |

AI, 그 경이로운 창조물이 세상을 바꾸고 있다. 불과 몇 십 년 전만 해도 공상과학소설이나 영화 속에서나 가능하던 일들이 이제는 현실이 되었다. 인공지능Artificial Intelligence, AI은 인간의 지적 능력을 모방하는 컴퓨터 시스템이다. 1950년대, 앨런 튜링의 "기계는 생각할 수 있는가?"라는 질문에서 출발한 인공지능의 역사는 그동안 부침을 겪어 왔다. 초기의 인공지능은 컴퓨터가 문제를 해결하기 위해 사람이 설계한 규칙을 하나하나 실행하는 방식이었다. 그러나 이는 단순한 문제를 푸는 데는 효과적이었지만, 현실 세계의 복잡성을 다루기에는 한계가 있었다.

인공지능의 진정한 도약은 머신러닝Machine Learning과 딥러닝Deep Learning의 등장으로 가능했다. 머신러닝은 데이터로부터 패턴과 규칙을 자동으로 학습하는 알고리즘을 개발하는 방법이다. 마치 경험을 통해 성장하는 아이처럼, 머신러닝 알고리즘은 많은 데이터를 접하면서 스스로 법칙성을 찾아간다. 딥러닝은 인간 두뇌의 신경망에서 영감을 얻은 인공신경망Artificial Neural Networks 기술이다. 여러 층의 노드로 구성된 인공신경망은 방대한 데이터를 학습하면서 스스로 고차원적 특징을 추출해낸다. 이는 기존 머신러닝의 한계를 뛰어넘는, 인간의 인지 능력에 근접한 성능을 보여준다.

  오늘날 인공지능은 우리 생활 곳곳에 스며들어 있다. 스마트폰의 얼굴인식, 음성인식 기능부터 넷플릭스의 콘텐츠 추천, 구글 검색의 순위 결정, 자율주행차의 장애물 감지까지. 인공지능은 새로운 가치를 창출하며 산업의 패러다임을 바꿔놓고 있다. 헬스케어에서는 AI 기반 의료영상 분석, 신약개발, 맞춤의학을 통해 질병 진단과 치료의 혁신을 이끈다. 금융에서는 AI가 신용평가, 이상거래 탐지, 로보어드바이저 등에 활용되며 금융서비스를 향상시킨다. 제조업에서는 AI 기반 에너지 관리, 설비 예지보전, 품질검사 자동화 등을 통해 운영 효율성과 비용 절감을 꾀한다. AI는 우리가 상상하지 못한 곳에서도 새로운 가치를 만들어내고 있다. 그러나 AI의 발전이 가져올 사회적 변화와 위험에 대해서도 냉철하게 직시해야 한다. AI로 인한 일자리 대체 우려, 알고리즘 편향성과 차별 이슈, 프라이버시 침해와 보안 위협 등은 우리가 풀어야 할 과제다. AI 기술이 초래할 수 있는 위험을 예방하고 피해를 최소화하는 규범과 법제도 정비가 필요하다. 무엇보다 AI를 개발하고 활용하는 주체로서 우리에게는 기술의 방향성을 바로잡고 통제할 윤리의식이 요구된다.

디지털 혁명의 물결 속에서 우리는 근본적인 질문에 직면한다. "AI 시대에 인간의 역할은 무엇인가?" 단순 반복 업무는 AI에 내맡기더라도 인간만이 할 수 있는 고유한 영역이 있다. 창의력, 공감능력, 도덕성, 복합문제 해결력 등 인간 고유의 능력을 계발하고 AI와 협업할 때 더 큰 시너지를 창출할 수 있다. 인간을 위한, 인간에 의한 AI 기술 발전이 우리가 추구할 방향이다. AI 세상, 그 중심에 우리가 서 있다. 기술은 발전하고, 세상은 변한다. 우리는 AI라는 거인의 어깨 위에 서서 새로운 지평을 바라보고 있다. 하지만 이 거인이 우리를 어디로 데려갈지, 우리는 과연 이 거인을 다스릴 수 있을지 아직 알 수 없다. AI는 우리에게 놀라운 기회를 제공하지만, 동시에 심각한 위협이 될 수도 있다. 의료, 교육, 환경 등 다양한 분야에서 AI는 인류가 겪는 문제를 해결하는 열쇠가 될 것이다. 하지만 AI가 가진 힘이 잘못 사용된다면, 그것은 인간을 지배하는 도구로 변질될 수 있다. 우리가 만드는 AI가 곧 우리의 미래다. 그 미래가 유토피아가 될지, 디스토피아가 될지는 지금 우리의 선택에 달려있다. 우리는 AI의 힘을 어떻게 사용할 것인가? AI 개발에 있어 어떤 윤리 기준을 세울 것인가? 이제 기술을 윤리와 분리해서 생각할 수 없는 시대가 되었다. 기술 발전에 집중하느라 놓치고 있던 인간에 대한 고민, 그간 간과했던 사회적 가치에 대한 성찰이 어느 때보다 절실하다.

'인간다움'의 회복을 위해 우리는 무엇을 해야 할까? 인간의 창의성을 해치지 않으면서도 인간의 한계를 보완해줄 AI, 인간을 위한 AI는 어떻게 만들 수 있을까? 당신은 기술 발전이 초래할 빛과 그림자에 대해 생각해 본 적 있는가? AI가 가져올 변화의 물결을 너머, 우리가 지켜내야 할 인간 사회의 가치는 무엇일까?

우리는 역사의 전환점에 서 있다. AI는 인류에게 엄청난 기회를 제공하지만 동시에 심오한 질문을 던진다. 전대미문의 기술 혁명 앞에서 우리에게 필요한 것은 지혜와 통찰이다. AI를 어떻게 발전시키고 활용할 것인지 숙고하며, 기술과 인간, 개인과 사회의 조화로운 공존을 모색해야 한다. AI가 가져올 변화에 능동적으로 대처하고 기회를 포착하는 혜안을 기르는 일, AI 시대를 살아갈 우리 모두에게 주어진 과제다. 함께 이 새로운 미래를 설계해 나가는 여정에 지혜로운 동행을 기대해 본다.

장세훈

차례

들어가며 5

01 AI의 역사와 현재

1장 AI, 과거에서 현재까지 17
인공지능의 태동 21
AI의 겨울 23
빅데이터와 AI의 만남 26
딥러닝의 혁명 30
AI, 현재 어디까지 왔나 34
AI와 인간의 공존 37

2장 주요 AI 기술 개요 41
머신러닝의 세계 46
딥러닝, AI의 핵심 엔진 49
컴퓨터 비전, AI의 눈 52
자연어 처리, AI와 대화하기 63
강화학습, AI의 자율학습 71
AI 기술의 미래 전망 74

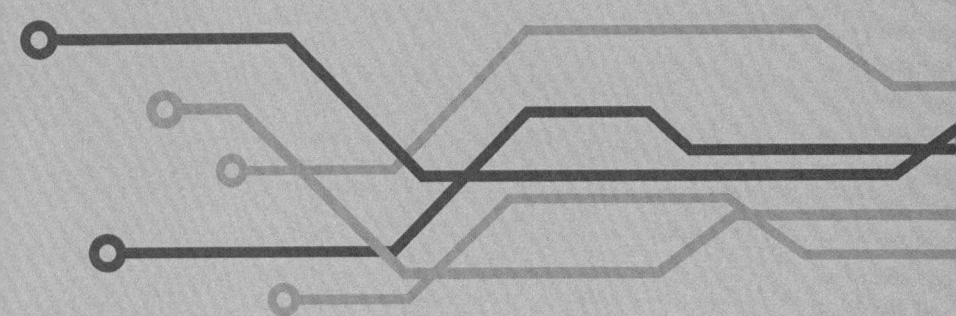

02 AI의 산업 적용과 미래 전망

3장 AI의 실제 산업 적용 사례 ········· 81
    AI와 헬스케어 혁신 ········· 85
    AI로 달라지는 금융 서비스 ········· 89
    AI, 제조업의 게임 체인저 ········· 91
    AI와 스마트 시티의 만남 ········· 96
    AI 시대의 교육 혁신 ········· 98
    AI와 예술의 창조적 융합 ········· 102

4장 AI가 바꿀 비즈니스의 미래 ········· 109
    AI 시대의 비즈니스 혁신 전략 ········· 113
    AI로 달라지는 고객 경험 ········· 115
    AI와 마케팅의 만남 ········· 118
    AI 시대의 인재 전략 ········· 121
    AI로 무장한 스타트업의 도전 ········· 123
    AI와 기업의 사회적 책임 ········· 127

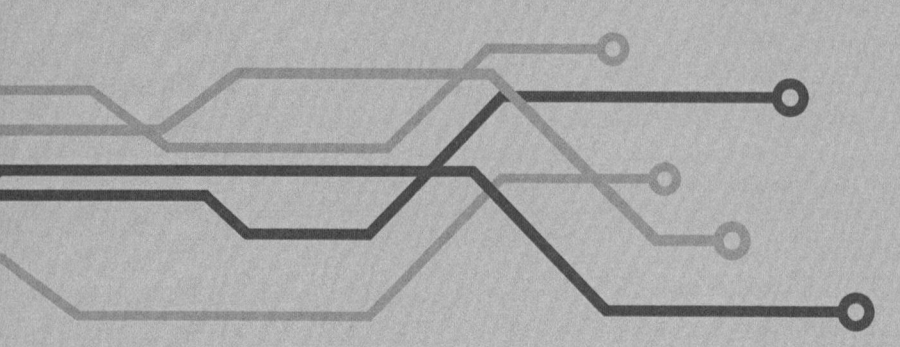

5장 AI 시대의 일자리 변화 · 131
   AI와 일자리의 미래 · 132
   AI 시대에 사라질 직업 · 135
   AI가 만들 새로운 일자리 · 138
   AI 시대의 인간 역량 · 141
   AI와 협업하는 인간 · 144
   일자리 변화에 대한 정책적 대응 · 147

03 AI 시대의 사회적 영향과 과제

6장 AI 시대의 사회 변화와 과제 · 155
   AI와 프라이버시의 딜레마 · 159
   AI와 사회적 불평등 · 161
   AI 시대의 교육 혁신 과제 · 164
   AI와 법·제도적 과제 · 169
   AI 거버넌스와 윤리 정립 · 174
   AI로 더 나은 세상을 위하여 · 177

7장 미래를 향한 도전과 기회 ································· 183
    AI와 인간의 공존을 위하여 ······························186
    AI로 열리는 새로운 비즈니스 ····························188
    AI와 국가 경쟁력의 미래 ································192
    AI 시대의 리더십 ·······································194
    AI와 지속가능한 발전 ···································196
    당신의 미래 시나리오 ···································202

8장 AI 시대를 살아가는 우리에게 ···························207
    AI 시대의 희망 메시지 ·································211
    지속적인 학습과 도전의 자세 ····························214
    지혜로운 선택과 실천 ···································219
    인간 고유의 가치 추구 ·································223
    다음 세대를 위한 준비 ·································226
    공존과 번영의 미래를 향하여 ····························228

    마치며 ··233

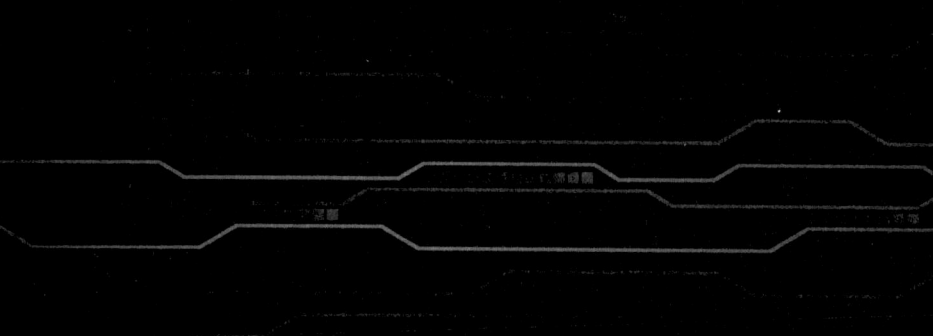

01
AI의 역사와 현재

1장
AI, 과거에서 현재까지

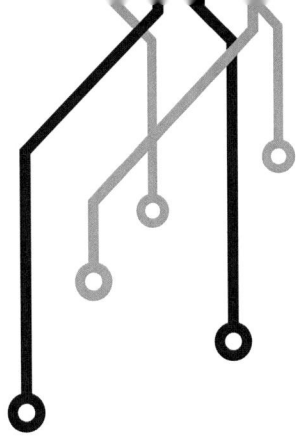

　인공지능의 역사는 고대 그리스와 로마의 사상가들이 의식과 지능의 본질에 대해 고민했던 때로 거슬러 올라간다. 데카르트, 라이프니츠, 칸트 같은 거장들은 후대 AI 선구자들에게 영감을 주었고, 20세기 초 러셀과 화이트헤드의 수리논리학 연구는 AI의 기반을 다졌다. 1956년 존 매카시가 주도한 다트머스 회의는 현대적 의미의 AI 탄생으로 기록되며, 초기에는 기호적 AI와 전문가 시스템 개발에 집중되었다.

　AI 역사의 개척자들과 이정표를 살펴보면 앨런 튜링의 획기적인 계산 이론과 튜링 테스트, 마빈 민스키의 신경망 연구와 MIT 미디어랩 설립, 존 매카시의 리스프 언어 개발과 시분할 시스템, 클로드 섀넌의 정보이론 등이 눈에 띤다. 앨런 뉴얼과 허버트 사이먼의 논리 이론가와 GPS 프로그램, 로잘린드 피카드의 정서 컴퓨팅, 제프리 힌튼의 딥러닝 연구 또한 괄목할 만하다.

1950년대
아이작 아시모프가 로봇공학의 3원칙을 정립하며 인공지능 윤리 문제 제기

1997년
IBM의 딥블루가 체스 세계챔피언 가리 카스파로프를 이기며 인공지능 기술 성능 입증

2011년
IBM의 왓슨이 퀴즈쇼 제퍼디에서 인간 우승자를 능가하며 자연어 처리 능력 시연

2015년
구글의 인공지능 알파고가 이세돌 9단을 이기며 인간 대국수 넘어서

2017년
openAI의 인공지능 제작 도구인 GPT가 출시되어 혁신 촉발

2020년
GPT-3 등장으로 자연어 처리 능력이 비약적으로 발전

2022년
ChatGPT로 일반인공지능 서비스 활용 능해져 AI 대중화 중

정부와 학계의 역할도 중요했다. 1950-60년대 군사 목적의 AI 연구에 투자한 DARPA, 90년대 민간 분야로 전환된 NSF와 NIST의 지원, 유럽연합 프레임워크 프로그램 등이 연구비 확보에 기여했다. CMU, MIT, 스탠포드, 에딘버러 대학 등에 초기 AI 연구소가 설립되고, AI 박사 프로그램이 인재 양성과 연구 발전을 주도했다. 정부, 학계, 산업계의 협력은 혁신을 촉진하고 실제 적용을 가속화했다.

AI 발전의 획기적 순간과 적용 사례도 눈여겨볼 만하다. 1960년대 조지프 바이젠바움의 엘리자 챗봇 개발, 1997년 IBM 딥블루의 체스 챔피언 격파, 2011년 애플 시리의 출시, 2016년 구글 딥마인드의 알파고가 바둑 챔피언을 꺾은 사건 등이 대표적이다. 2015년 테슬라의 오토파일럿 시스템, 2020-21년 오픈AI의 GPT-3 언어모델과 DALL-E

이미지 생성 시스템도 주목할 성과다.

대중의 인식과 사회적 영향 면에서 보면 1950-60년대 AI에 대한 초기 관심과 낙관론, 80-90년대 회의적 시각과 투자 감소로 특징지어지는 'AI의 겨울', 90-2000년대 전문가 시스템 부상과 함께 높아진 관심, 2010년대 머신러닝과 딥러닝 발전에 따른 기대와 우려가 교차했다. AI의 잠재력에 대한 낙관과 위험성에 대한 경계심이 공존하는 가운데, 개발과 활용에 있어 균형 잡힌 접근의 필요성이 제기되고 있다.

AI 기술은 철학자들의 사유에서 출발해 수학과 논리학의 토대 위에 컴퓨터과학과 융합하며 눈부신 발전을 거듭해 왔다. 정부와 학계, 산업계가 힘을 보태 이뤄낸 연구 성과와 적용 사례는 AI의 잠재력을 실감케 한다. 동시에 사회 전반에 미치는 영향력을 고려할 때 기술 발전에 걸맞은 사회적 통찰과 윤리 정립이 요구된다.

우리는 이제 AI가 빚어낼 미래를 향해 전진하고 있다. 과거 AI 개척자들의 도전정신을 이어받아, 기술에 대한 이해와 사회적 책임의식을 겸비하고 협력과 소통에 힘쓴다면 AI가 열어줄 무한한 가능성을 현실로 만들어갈 수 있을 것이다. 인간 고유의 창의력과 감성, 윤리의식을 잃지 않는 한편, 기계와 조화롭게 공존하며 모두를 위한 혜택을 창출하는 지혜를 발휘해야 할 때다. AI 시대의 서막이 오른 만큼, 우리 모두가 개척자이자 수호자로서 새로운 미래를 써 내려갈 책임과 역할을 자임해야 한다. 인류에게 AI는 기회이자 도전이다. 기술의 힘을 과신하거나 두려워할 게 아니라, 그것을 현명하게 활용하고 통제할 줄 아는 지혜가 필요하다. 교육과 윤리, 제도 정비를 통해 기술의 혜택은 살리고 부작용은 최소화하는 균형 감각을 길러야 한다. 결국 AI의 미래는 기계가 아닌 인간에게 달려 있다. AI를 도구 삼아 더 나은 인간과 사회를 만들어가는 것, 그것이 우리에게 주어진 시대적 소명이 아닐까.

AI는 이미 우리 곁에 성큼 다가와 있다. 일상의 편의부터 산업 전반의 혁신, 사회문제 해결과 새로운 기회 창출에 이르기까지 AI의 파급력은 어마어마하다. 개인의 삶은 물론, 기업과 국가의 미래 경쟁력을 좌우할 핵심 동력으로 자리매김했다. AI 시대를 살아갈 우리에겐 변화를 읽는 통찰력, 혁신을 주도하는 창의력, 조화로운 발전을 도모하는 윤리의식이 어느 때보다 절실하다. 앞으로 AI는 더욱 고도화되고 우리 삶 깊숙이 스며들 것이다. 두려움보다 설렘으로, 막연한 기대보다 구체적인 준비로 그 변화를 맞이해야 한다. 과거 산업혁명이 그랬듯 AI 혁명도 넘어야 할 산이 많겠지만, 인간의 지혜와 노력으로 극복해갈 수 있으리라 믿는다. 중요한 건 '함께' 미래로 나아가는 것이다. 소외되는 계층 없이 모두의 이익을 꾀하고, 세대와 분야를 아우르는 사회적 대화를 이어가며 역지사지와 공감의 자세로 AI 시대를 열어가야 한다. 우리는 역사적 전환점에 서 있다. AI 기술의 눈부신 발전만큼이나 인간과 사회에 대한 깊이 있는 고찰이 필요한 시점이다. 기술의 진보와 인간의 진화, 개인의 이익과 공동체의 번영이 조화를 이루는 길을 모색해야 한다.

인공지능의 태동

1956년 다트머스 회의, 존 매카시와 마빈 민스키가 주도한 이 역사적인 모임은 인공지능이라는 개념을 탄생시킨 순간이었다. 인간과 같은 사고와 학습 능력을 가진 기계를 만들겠다는 원대한 꿈을 품은 천재들이 모여 아이디어를 나누고 토론했다. 이들의 열정과 통찰은 AI 연구의 불씨를 지폈고, 그 꿈은 오늘날까지 이어지고 있다.

초창기 AI 연구는 상징 논리와 규칙 기반 시스템을 활용해 인간의 지능을 모방하려 했다. 존 매카시가 개발한 LISP 프로그래밍 언어는 이러한 아이디어를 탐구하는 데 강력한 도구가 되었고, 마빈 민스키의 신경망 연구는 연결주의적 접근의 기반이 되었다. 1956년 앨런 뉴웰과 허버트 사이먼이 개발한 논리 이론가 프로그램은 정리를 증명하며 기호적 추론 능력을 보여주었고, 이듬해 만든 일반 문제 해결사는 문제 해결 전략을 적용해 AI 시스템의 성능을 한 단계 발전시켰다.

AI 연구가 진전되면서 자연어 처리, 컴퓨터 비전, 로보틱스 등 다양한 하위 분야로 발전해 나갔다. 1960-70년대에는 전문가 시스템이 등장해 의료 진단, 화학 분석, 공학 설계 등 특정 영역의 전문 지식과 의사결정 능력을 규칙 기반으로 구현했다. 하지만 AI 연구는 상징적 접근법의 한계, 신경망 학습의 어려움 등 도전에 직면하기도 했다. 1980년대 컴퓨터 성능 향상과 머신러닝 기법 발전으로 AI에 대한 관심이 되살아났고, 다층 신경망 학습을 가능케 한 역전파 알고리즘, 불확실성 추론을 다루는 베이지안 네트워크와 은닉 마르코프 모델 등 새로운 방법론이 발전했다.

21세기 들어 빅데이터와 고성능 컴퓨팅, 딥러닝 기술의 발전으로 AI는 르네상스를 맞이한다. 방대한 데이터로부터 계층적 표현을 학습하는 심층 신경망은 이미지, 음성 인식부터 자연어 처리, 게임 플레이까지 눈부신 성과를 거두었다. 개인화 추천, AI 비서부터 자율주행차, 의료 진단까지 AI는 산업 전반에 혁신을 불러일으키고 있다. 하지만 AI의 급속한 발전은 일자리 대체, AI 편향성과 차별, 거버넌스 등 중대한 문제도 제기한다. 설명 가능한 AI, 전이학습, 강화학습 등 새로운 연구 방향이 모색되는 한편, 블록체인, IoT, 양자컴퓨팅 등 다른 기술과의 융합으로 AI의 새로운 지평이 열리고 있다. 하지만 이와 함께 AI의 투명성과 책임성 확보, 인간 가치와의 조화라는 과제도 우리 앞에 놓여 있다. 결국 AI의 역사는 인간의 창의성과 호기심, 지능의 본질을 이해하려는 끝없는 탐구의 역사이다. 기계가 생각하고 학습할 수 있다는 꿈을 꾸었던 선구자들로부터 시작된 이야기다. 이제 그 꿈은 현실이 되었고, 우리는 AI로 더 나은 미래를 만들어갈 기회와 책임을 함께 갖게 되었다.

새로운 시대의 문턱에서 우리는 AI의 힘을 어떻게 현명하게 사용하고 발전시켜 나갈지 숙고해야 한다. 기술에 대한 경외와 윤리의식을 잃지 않으면서 함께 지혜를 모아야 할 때이다. 투명성과 포용성의 원칙 아래 다양한 관점과 전문성을 결집해 AI의 잠재력을 온전히 실현하고 모두를 위한 밝은 미래를 열어가야 하겠다. 결국 AI의 이야기는 호기심과 상상력으로 새로운 지평을 연 인간 정신의 승리이다. 기계에 생명을 불어넣으려는 노력 자체가 우리 존재의 의미를 되새기게 한다. 지금 우리가 써내려가는 이 새로운 역사가 인류애의 빛으로 물들기를 희망한다. 기술을 사람을 위해, 사람과 조화를 이루며 발전시켜 나가는 지혜, 거기에 우리 모두의 행복과 번영이 달려 있을 것이다.

AI의 겨울

인공지능의 역사에서 가장 암울했던 시기를 우리는 'AI의 겨울'이라고 부른다. 1970년대 후반부터 1990년대 초반까지 이어진 이 시기는 초기 인공지능 연구에 대한 과도한 기대와 환상이 무너지면서 찾아왔다. 정부와 기업의 지원이 줄어들고 많은 연구자들이 좌절감을 느꼈던 암흑기였지만, 되돌아보면 우리에게 소중한 교훈을 남긴 시기이기도 하다. AI의 겨울은 초기 인공지능 연구의 한계와 문제점을 여실히 보여주었다. 인간의 지능을 단순한 규칙과 알고리즘으로 구현할 수 있을 것이라는 낙관적 기대는 현실의 벽에 부딪혔다. 체스나 퍼즐 같은 제한된 영역에서의 성과에 도취된 나머지, 머신러닝과 신경망의 중요성을 간과한 것이 화근이었다. 또한 당시의 컴퓨팅 파워와 데이터 부족은 복잡한 문제를 다루는 데 한계로 작용했다. AI의 겨울의 그늘은 깊었지만, 연구자들은 좌절하지 않고 문제의 원인을 냉정히 분석하며 새로운 접근법을 모색했다. 그 결과 신경망과 딥러닝이라는 혁신적인 기술이 탄생했고, 훗날 AI 부흥의 씨앗이 되었다. 우리는 이 시기를 통해 인공지능 연구에 장기적 관점과 현실적 기대가 필요함을 배웠다. 성급한 과장 광고보다는 작은 성공을 차근차근 쌓아가는 노력, 실생활 문제 해결에 집중하는 실용적 자세가 중요함을 깨달았다. 무엇보다 AI의 겨울은 기술 개발 과정에서 윤리적 고민이 선행되어야 함을 일깨워주었다. 프라이버시 침해, 알고리즘 편향성, 책임성 문제 등 기술이 초래할 수 있는 부작용에 대해 연구 초기부터 대비해야 한다는 교훈을 얻었다. 이는 인공지능을 사회적 맥락 속에서 바라보고 다학제적 접근을 취해야 함을 의미한다. 철학, 심리학, 사회학 등 인문사회과학과의 교류를 통해 기술의 윤리적 기반을 다져야 한다. 지난 AI의 겨울에서 얻은 교훈 덕분에 오늘날 우리는 보다 성숙하고 현명한 자세로 인공지능 기술을 발전시켜 나가고 있다. 기술에 대한 맹목적 믿음 대신 끊임없는 질문과 성찰, 다양한 분야의 전문가들과 소통하며 기술의 혜택과 위험요인을 함께 고민한다. 장밋빛 전망에 휩싸이기보다는 다가올 수 있는 어려움에 대비하는 지혜도 갖추게 되었다. AI의 겨울은 비록 혹독한 시련의 시기였지만 인공지능 기술을 한 단계 성장시킨 원동력이 되었다. 오늘날 우리가 마주한 자율주행차, 인공지능 스피커, 정밀의료 등 놀라운 기술 혁신은 그 땅을 일구며 뿌린 씨앗이 결실을 맺은 것이나 다름없다. 더 나아가 AI의 겨울은 기술 발전이 윤리적 토대 위에 이뤄져야 함을, 기술을 사회와 동떨어져 생각할 수 없음을 깨우쳐주었다.

미래에 또 다른 AI의 겨울이 올지도 모른다. 그러나 우리는 지난 겨울의 교훈을 마음에 품고 지혜와 겸손함으로 대처해 나갈 것이다. 인간다움을 잃지 않으면서 기술의 힘을 현명하게 이용하는 법, 서로 소통하고 협력하며 더 나은 미래를 만드는 법을 잊지 않는다면 우리는 어떤 혹한도 이겨낼 수 있으리라 믿는다. 지난 AI의 겨울이 우리에게 남긴 의미 있는 유산을 되새기며, 다가올 미래를 슬기롭게 헤쳐 나가야 할 때다.

빅데이터와 AI의 만남

빅데이터와 인공지능의 만남은 기술의 가능성을 무한히 확장시켰다. 방대한 데이터를 기반으로 인공지능은 스스로 학습하고 발전하며, 세상을 바꾸는 힘을 발휘하기 시작했다. 과거 빅데이터 시대 도래와 함께 데이터 양이 폭발적으로 증가했다. 소셜미디어, 사물인터넷, 온라인 거래 등에서 쏟아지는 방대한 데이터는 분석하기 어려울 정도였다. 하지만 데이터 속에는 인사이트와 가치가 숨어있었고, 이를 활용하기 위한 새로운 기술이 필요했다.

인공지능 기술은 빅데이터 분석의 핵심 도구로 떠올랐다. 특히 머

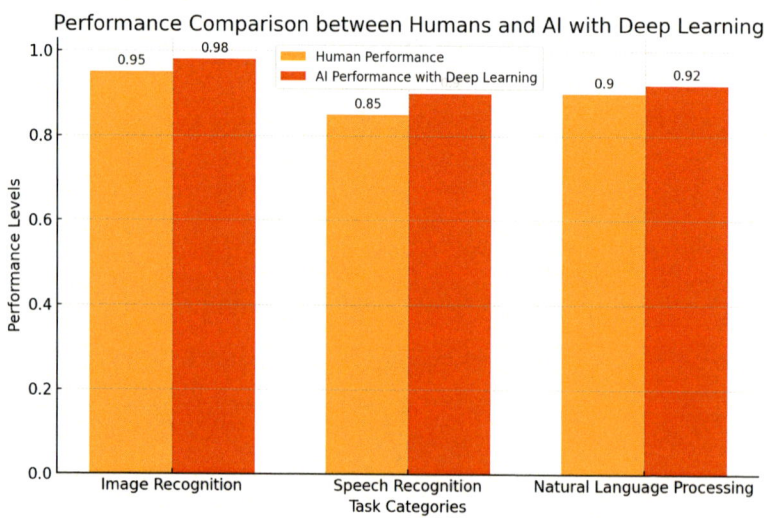

신러닝 알고리즘은 빅데이터에서 패턴과 규칙을 찾아내 학습하고, 새로운 상황에 적용할 수 있게 되었다. 이는 기존에 사람이 일일이 분석하기 어려웠던 대량의 데이터에서 통찰을 얻을 수 있는 길을 열어주었다. 예를 들어 의료 분야에서는 방대한 의료 데이터를 분석해 질병을 예측하고 진단하는 데 인공지능이 활용되기 시작했다. 수많은 의료 영상과 진료 기록을 학습한 인공지능은 의사의 진단을 보조하고, 더 정확하고 빠른 의사결정을 지원했다. 비즈니스 영역에서도 빅데이터와 인공지능의 조합은 혁신을 이끌었다. 기업들은 고객 데이터, 시장 데이터를 분석해 소비자 니즈를 예측하고 마케팅 전략을 세울 수 있게 되었다. 공급망 데이터를 실시간 분석해 재고 관리와 배송 최적화도 가능해졌다. 이처럼 빅데이터는 인공지능에 풍부한 학습 재료를 제공하고, 인공지능은 방대한 빅데이터에서 숨은 인사이트를 발굴하는 강력한 도구가 되어주었다. 두 기술의 시너지 효과는 산업과 비즈니스 전반의 판도를 바꾸며 가능성의 지평을 열어가고 있다. 그중에서도 특히 주목할 기술은 바로 딥러닝이다. 인공신경망에 기반한 딥러닝은 빅데이터에서 복잡한 패턴을 인식하고 학습하는 데 강점을 발휘한다. 여러 층의 신경망으로 구성된 딥러닝 모델은 데이터의 특징을 자동으로 추출하고, 점점 더 고차원적 표현을 학습해 나간다. 이러한 딥러닝의 진화는 이미지 인식, 음성 인식, 자연어 처리 등 다양한 인공지능 분야의 성능을 획기적으로 높였다. 이제 인공지능은 사람만큼, 때로는 사람보다 더 뛰어난 인식 능력을 보여주고 있다. 실제로 이미지넷 대회에서 딥러닝 모델의 이미지 인식 정확도는 2015년 사람의 인식 수준을 넘어섰고, 최근에는 99%에 육박하는 놀라운 성과를 보여주고 있다.

딥러닝은 복잡하고 비정형적인 빅데이터 분석에서 특히 위력을 발휘한다. SNS 텍스트 데이터, 영상 데이터 등 기존에 다루기 어려웠던 비정형 데이터에서 가치를 뽑아내는 핵심 기술로 자리잡았다. 이는 빅데이터를 더욱 효과적으로 활용할 수 있는 발판이 되어주고 있다. 이렇듯 빅데이터와 인공지능, 특히 딥러닝 기술의 만남은 우리가 데이터를 바라보는 관점과 활용하는 방식에 혁신을 가져왔다. 그 영향력은 이미 산업 전반으로 빠르게 퍼져나가고 있다. 제조, 의료, 금융, 유통 등 전 산업 분야가 이 기술 조합의 수혜자다. 제조업에서는 공정 데이터와 설비 데이터를 인공지능으로 분석해 품질 예측, 설비 고장 예지, 공정 최적화를 실현하고 있다. 유통업에서는 방대한 판매 데이터와 소비자 데이터를 인공지능이 분석해 수요 예측, 맞춤형 상품 추천으로 연결한다. 이처럼 빅데이터는 각 산업 분야마다 차곡차곡 쌓여 있다. 여기에 딥러닝으로 대표되는 인공지능 기술을 접목하면 그 가치는 배가 된다. 빅데이터와 인공지능의 만남은 산업과 비즈니스에 신선한 바람을 불어넣고 있다. 나아가 이 둘의 조합은 우리 일상과 사회 전반에도 큰 변화를 예고하고 있다. 가령 빅데이터 기반 인공지능은 맞춤형 의료, 개인화된 교육, 스마트 시티 구현 등 우리 삶의 질을 한 차원 높이는 데 기여할 것으로 기대된다.

빅데이터 없는 인공지능, 인공지능 없는 빅데이터는 이제 상상하기 어렵다. 서로가 서로의 가치를 극대화하는 시너지 효과를 발휘하고 있기 때문이다. 이 두 기술의 만남이 빚어내는 파급력은 실로 엄청나다. 물론 이 과정에서 데이터 주권, 프라이버시, 알고리즘 편향성 등의 이슈도 제기되고 있다. 기술의 발전이 가져올 사회적 영향에 대한 철저한 고민이 뒷받침되어야 한다. 기술의 순기능은 극대화하고 역기능은 최소화하는 지혜가 필요한 시점이다. 분명한 사실은 빅데이터와 인공지능의 융합이 가져올 변화의 물결은 거스를 수 없다는 점이다. 우리는 이 기술 혁신의 흐름을 읽고 그 가능성을 현실로 만들어가는 주체가 되어야 한다. 동시에 기술이 가져올 부작용을 최소화하기 위한 사회적 논의와 합의 도출에도 적극 참여해야 한다.

빅데이터와 인공지능의 만남은 단순한 기술의 진화를 넘어, 우리 삶과 사회, 산업을 근본적으로 변화시키는 동력이 되고 있다. 우리는 이미 데이터와 인공지능이 주도하는 새로운 시대에 살고 있다. 이 시대를 현명하게 헤쳐나가기 위한 통찰과 지혜가 그 어느 때보다 절실하다.

딥러닝의 혁명

지능에는 한계가 없다. 1950년대 인공지능이라는 개념이 소개된 이래로, 컴퓨터가 인간 수준의 지능을 발휘하리라는 예측은 꾸준히 제기되어 왔다. 하지만 오랜 기간 인공지능 기술은 실험실 밖을 벗어나지 못한 채 제자리걸음을 반복했다. 기대와 환상이 무너지며 겨울이 찾아왔고, 많은 이들은 인공지능의 가능성에 대해 의구심을 품기 시작했다. 그러나 빅데이터의 등장은 인공지능 기술에 새로운 봄을 가져다주었다. 방대한 데이터를 바탕으로 기계는 스스로 학습하고 발전하기 시작했다. 특히 심층신경망으로 대표되는 딥러닝 기술은 인공지능 연구의 판도를 뒤바꾸는 혁명을 일으켰다.

인간의 뇌에서 영감을 얻은 딥러닝은 여러 층의 인공신경망을 쌓아 올려 데이터의 특징을 추출하고 패턴을 학습한다. 마치 어린아이가 경험을 통해 세상을 배우듯, 신경망은 방대한 데이터를 반복적으로 학습하며 스스로 성장한다. 이 과정에서 기계는 사람의 개입 없이도 이미지를 인식하고, 음성을 해석하며, 자연어를 이해하는 놀라운 능력을 갖추게 되었다.

2012년 ImageNet 대회에서 심층신경망 모델 AlexNet이 압도적인 성능으로 우승을 차지하며 딥러닝은 세상의 주목을 받기 시작했다. 이후 딥러닝은 이미지 인식, 음성 인식, 기계번역, 자율주행 등 다양한 분야에서 연이어 혁신을 일으키며 기존의 한계를 뛰어넘었다. 자연어 처리 모델 GPT-3는 인간과 유사한 수준의 문장을 생성해내는가 하면, 알파폴드는 단백질 구조 예측이라는 난제를 풀어내기에 이르렀다. 이러한 발전은 신경망의 규모가 커지고 학습 데이터가 폭증하면서 가능해졌다. 수백억 개의 파라미터를 가진 거대 신경망은 수많은 연산을 통해 복잡다단한 패턴을 포착해낸다. 이를 뒷받침하기 위해서는 막대한 컴퓨팅 자원이 요구되는데, GPU와 같은 특수목적 하드웨어와 대규모 데이터센터가 딥러닝 발전의 원동력이 되고 있다. 하지만 딥러닝 기술에는 여전히 한계와 숙제가 존재한다. 현재의 모델들은 특정 과제에는 뛰어난 성능을 보이지만, 사람처럼 유연하고 창의적인 문제 해결 능력을 갖추지는 못했다. 신경망의 내부 작동방식은 여전히 블랙박스로 남아있어 해석과 설명이 쉽지 않다. 편향된 학습데이터로 인한 차별 문제, 모델의 견고성과 안전성 문제 등도 실제 적용 과정에서 끊임없이 제기되고 있다. 이에 연구자들은 딥러닝의 새로운 지평을 열기 위해 다각도로 노력하고 있다. 추론, 추상화, 전이학습 등 인간 고유의 능력을 모사하려는 시도가 한창이다. 레이블링이 완료된 데이터에만 의존하지 않고, 원천 데이터로부터 자체적으로 지식을 학습하는 자기지도학습 방식도 주목받고 있다. 뇌과학과 인공지능의 융합을 통해 고차원적 인지에 대한 단서를 얻으려는 노력도 병행되고 있다.

한편 딥러닝은 강화학습, 생성적 적대 신경망GAN, 트랜스포머 등 다른 머신러닝 기법들과 결합하며 시너지를 일으키고 있다. 강화학습은 신경망이 환경과의 상호작용을 통해 최적의 행동 전략을 스스로 학습하게 해준다. GAN은 두 개의 신경망을 경쟁시켜 가짜 데이터 생성 능력을 극대화한다. 자연어 처리 분야에서 두각을 나타낸 트랜스포머 구조는 이미지, 영상, 단백질 서열 등 다양한 분야로 확장 적용되며 폭발적 성장세를 보이고 있다. 초거대 AI 모델 개발 경쟁도 뜨겁다. 2022년 DeepMind의 Gopher, OpenAI의 GPT-3, 안트로픽의 Constitutional AI 등 수백억 개 파라미터를 학습한 초거대 언어모델들이 잇따라 공개되었다. 다국어 학습도 활발해져 구글의 PaLM, 네이버의 HyperCLOVA 등 한국어, 중국어, 아랍어 등 100여 개 언어를 아우르는 거대 모델들이 등장했다. 메타는 자연어뿐 아니라 이미지, 음성 등 다양한 양식을 통합 학습한 멀티모달 AI 모델을 선보이며 한 걸음 더 나아갔다. 이런 대형 모델들의 발전은 대화와 작문에서 코딩과 문제해결까지 AI 활용 영역을 더욱 확장하고 있다. 동시에 편향성과 윤리 이슈, 막대한 학습 비용 등 해결해야 할 과제도 남긴다. 이제 AI 기술 발전과 함께 사회적 역할과 영향력에 대한 종합적 고민이 필요한 시점이다. 이처럼 딥러닝 기술은 산업 전반에 걸쳐 광범위한 변화를 불러일으키고 있다. 의료 분야에서는 질병 진단과 신약 개발을 지원하고, 금융권에서는 이상거래 탐지와 알고리즘 트레이딩을 주도한다. 예술 분야에서도 인공지능이 그림을 그리고 음악을 작곡하는 시대가 열리고 있다. 딥러닝의 발전은 생산성 향상과 혁신의 기회를 가져다주는 동시에, 일자리 대체와 기술 실업에 대한 우려도 낳고 있다. 이에 따라 인공지능 기술의 건전한 발전과 사회적 수용을 위한 논의가 활발히 이뤄지고 있다. 기술의 편향성과 투명성, 프라이버시 보호, 법적 책임 등에 대한 사회적 합의와 규범 정립이 시급한 과제로 떠오르고 있다. 윤리적 원칙에 입각한 인공지능 개발과 활용에 대한 요구도 높아지고 있다. 궁극적 지향점은 인간

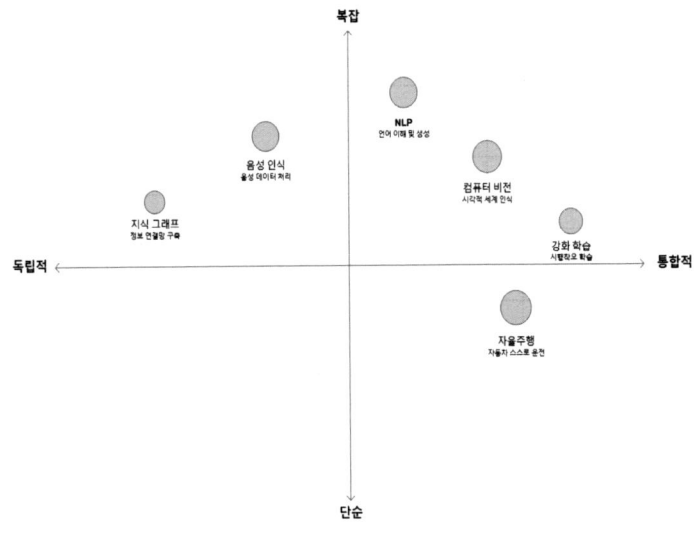

[AI기술 상호작용 비교]

을 대체하는 것이 아니라 인간의 능력을 확장하고 삶의 질을 높이는 인공지능을 만드는 것이다.

딥러닝 혁명이 가져올 미래를 정확히 예측할 수는 없다. 하지만 한 가지는 분명하다. 이제 다시 병 속에 들어가지 않을 신기술이 세상에 모습을 드러냈다는 것이다. 우리는 지금 기계가 인간 수준의 지능에 도달하는 '싱귤래리티'를 향한 대장정의 서막에 서 있다. 다가올 변화의 파고는 그 어느 때보다 클 것이며, 사회 전반에 걸친 혁신과 변화가 불가피할 것이다. 인간과 인공지능이 어떻게 조화를 이뤄 공존할 것인가. 기술이 가져올 기회와 위기에 우리는 어떻게 현명하게 대처해 나갈 것인가. 인간만이 지닌 고유한 능력과 가치는 무엇이며 그것을 어떻게 발현시켜 나갈 것인가. 이것이 인공지능 시대를 살아가는 우리에게 던져진 질문이자 과제다. 인간다움을 잃지 않으면서 동시에 기술의 힘을 현명하게 사용하는 지혜. 우리에겐 그것이 그 어느 때보다 절실하다.

AI, 현재 어디까지 왔나

인공지능은 더 이상 공상과학 소설 속 상상의 산물이 아니다. 머신러닝과 딥러닝의 괄목할 만한 발전으로 인간의 인지 능력을 넘어서는 성과를 보여주고 있다. 이미지 인식, 음성 인식, 자연어 처리 등 다양한 분야에서 인간을 능가하는 인공지능 기술은 우리 삶 곳곳에 스며들고 있다. 불과 몇 년 전만 해도 인공지능 하면 떠올리는 이미지라곤 SF 영화 속 터미네이터가 전부였다. 하지만 지금 인공지능은 우리 곁에 실재한다. 스마트폰의 얼굴 인식 잠금해제, AI 스피커와의 대화, 쇼핑 추천 등 일상에서 인공지능과 수시로 마주하고 있다. 2022년 11월, OpenAI가 대화형 AI 모델 ChatGPT를 공개하며 AI 기술의 새로운 지평이 열렸다. 방대한 텍스트 데이터로 학습한 ChatGPT는 사람과 자연스럽게 대화를 나누며 복잡한 질문에 대해서도 문맥을 이해하고 창의적으로 답변하는 능력을 선보였다. 이는 검색 엔진을 넘어 대화를 통해 지식을 전달하는 새로운 패러다임의 시작을 알리는 신호탄이었다.

ChatGPT의 성공에 자극받은 구글은 2023년 2월 대화형 AI Bard를 공개했고, 마이크로소프트는 빙 챗봇에 ChatGPT를 탑재하며 AI 경쟁에 뛰어들었다. 인간의 편견과 윤리적 문제를 최소화하려 노력하는 앤트로픽의 Claude, 한국어에 특화된 네이버의 HyperCLOVA 등 다양한 대화형 AI 모델들도 빠르게 진화하고 있다. 이런 흐름은 검색에서 대화로, 정보 전달에서 인간-AI 협업으로의 전환을 예고한다. 이런 급격한 변화 속에서 인공지능 기술의 현주소를 짚어보고, 그 잠재력과 영향력을 가늠해 볼 필요가 있다. 지난 수십 년간 인공지능은 부침을 거듭했다. 초기의 규칙 기반 시스템은 인간의 지식을 컴퓨터에 입력하는 데 한계가 있었다. 이를 딛고 1980-90년대 머신러닝의 등장으로 데이터로부터 학습하는 새로운 접근법이 개척되었다. 그리고 2010년대, 빅데이터와 GPU 컴퓨팅의 힘을 등에 업은 딥러닝이 인공지능의 혁명을 일으켰다. 이제 딥러닝은 이미지, 음성, 텍스트 등 방대한 데이터에서 인간의 개입 없이 고차원적 패턴을 학습해 낸다.

딥러닝의 눈부신 성과에도 불구하고 인공지능은 아직 풀어야 할 숙제가 많다. 편향성, 불투명성, 취약성 등 기술적 한계를 극복해야 하고, 인공지능의 윤리적 개발과 활용을 위한 사회적 합의도 필요하다. 또한 일자리 대체와 프라이버시 침해 등 부작용에 대한 우려에도 답해야 할 것이다. 이는 인공지능 연구자뿐 아니라 정책 입안자, 기업, 시민사회 모두가 함께 지혜를 모아야 할 과제이다.

급변하는 인공지능 시대를 헤쳐나가기 위해서는 적응력과 학습 능력이 필수적이다. 변화에 기민하게 대응하고 새로운 역량을 갖추기 위해 끊임없이 배우고 도전하는 자세가 요구되는 시점이다. 동시에 인공지능의 잠재력을 사회적 가치 창출에 활용하는 지혜도 절실하다. 의료, 교육, 환경 등 다양한 영역의 문제 해결에 인공지능을 적극 활용한다면 더 나은 미래를 만들어갈 수 있을 것이다. 지금 이 순간에도 인공지능 기술은 눈부신 속도로 발전하고 있다. 알파고의 충격이 채 가시기도 전에 GPT-3의 등장으로 또 한 번 깜짝 놀랐다. 이런 급격한 변화의 흐름 속에서 우리는 어떤 미래를 그려야 할까? 인공지능의 위력에 압도되기보다는 그 힘을 현명하게 활용할 준비가 필요하다. 기술에 휘둘리지 않고 인간 고유의 역량을 발휘하며 기술과 조화롭게 공존하는 지혜, 바로 그것이 우리에게 요구되는 자세일 것이다.

AI와 인간의 공존

순식간에, 인공지능은 우리 삶의 구석구석에 스며들어 떼려야 뗄 수 없는 존재가 되었다. 이른 아침 AI 비서의 부드러운 음성에 잠에서 깨어나 저녁에 잠들기 전 AI 큐레이션으로 선곡된 음악을 듣기까지, 일상 곳곳에서 인공지능과 마주한다. 무수한 콘텐츠 속에서 우리 취향에 맞는 영화를 찾아 헤매던 시절은 지났다. 이제 AI 추천 시스템이 개개인의 선호를 정확히 예측하고 최적의 콘텐츠를 제안한다. 자율주행차는 우리를 목적지까지 신속 정확하게 데려다준다. 의료계에서 AI는 방대한 데이터 분석으로 질병 진단과 치료법 최적화에 기여할 채비를 갖췄다. AI의 무한한 잠재력에 감탄하는 한편, 이면의 윤리적 딜레마에도 맞닥뜨린다. AI 시스템의 공정성을 보장하고 편향을 방지하려면 어떻게 해야 할까? 알고리즘의 불투명성과 설명 가능성 사이에서 균형점은 무엇일까? AI가 자율성을 더해갈수록 그 행동과 오류에 대한 책임 소재는 누구에게 있을까?

우리 사회가 답해야 할 질문들이다. 그러나 불확실성 속에서도 분명한 건 인간과 AI의 대립이 아닌 협력이 해법이 될 것이라는 점이다. 인간과 AI 고유의 강점을 결합하면 개별적 성과를 뛰어넘는 시너지 효과를 낼 수 있다. 상상해보라. 인간의 창의성과 감성 지능이 AI의 신속성, 정확성과 결합하는 미래를. 금융 분석가들이 AI의 패턴 인식 능력으로 시장 트렌드를 포착하고 윤리적 판단력으로 난국을 헤쳐나간다. 의사들이 AI 진단 보조 도구와 함께 병을 찾아내되 환자를 보듬는 손길을 잃지 않는다. AI로 인한 사회 변화에도 주목해야 한다. 벌써 AI는 언어와 시공간의 장벽을 넘어 소통 방식을 변모시키고 있다. 데이팅 앱 알고리즘부터 AI 기반 인재 매칭 툴까지 인간관계의 지형도 바꾸고 있다. AI는 엔터테인먼트 영역에서 개인화된 맞춤 경험 시대를 열었다. 그러나 편리함과 재미 이면에는 경계해야 할 암류도 도사리고 있다. 진위를 구분하기 힘든 AI 인플루언서의 등장, 딥페이크 기술로 조작되는 현실, AI가 진실과 신뢰에 대한 근본적 질문을 던진다. 이 새로운 영역을 항해하기 위해 우리는 지식과 적응력으로 무장해야 한다. AI와 함께 성장하고 진화할 자세를 견지하자. 인간 고유의 창의력, 비판적 사고, 공감 능력을 더욱 갈고 닦아야 한다. 인간과 AI의 동행길은 예측하기 어렵지만 확실한 건 제로섬 게임이 아니라는 점이다. 상호보완적 공생이며, 음과 양의 조화로운 춤사위다. 지혜와 공감, 인간성에 대한 끊임없는 믿음으로 다가설 때 우리가 함께 이뤄낼 수 있는 것에는 한계가 없다.

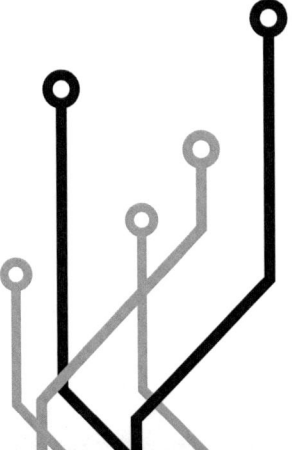

2장
주요 AI 기술 개요

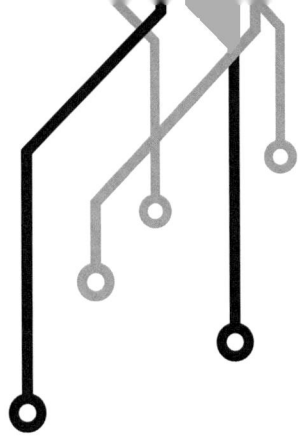

　인공지능AI은 우리 삶의 거의 모든 영역에 혁신을 불러일으키며 미래 사회의 핵심 동력으로 부상하고 있다. 스마트폰의 음성 비서에서부터 자율주행차, 의료 진단, 금융 투자에 이르기까지 AI 기술은 이미 우리 곁에 성큼 다가와 있다. 인간의 지적 능력을 모사하고 확장하는 기계를 만드는 것, 그것이 AI 연구의 오랜 목표였다. 근래의 AI 기술 발전은 눈부시다. 머신러닝과 딥러닝의 비약적 진보로 이미지와 음성 인식, 자연어 이해 등의 분야에서 인간에 필적하는 성과가 쏟아지고 있다. 방대한 데이터와 고성능 컴퓨팅에 힘입어 AI는 복잡한 패턴을 학습하고 스스로 진화하는 지능의 영역으로 나아가고 있다. AI 혁명이 가져올 사회적 변화에 대한 기대와 우려도 뜨겁다. 산업과 경제, 고용구조의 대전환이 예고되는 가운데 인간만의 고유한 역량이 무엇일지, AI와 어떻게 공존해 나갈 것인지에 대한 깊이 있는 성찰도 요구된다. AI의 잠재력을 현명하게 활용하고 그에 걸맞은 윤리 체계를 확립하는 일, 그것이 우리 앞에 놓인 시대적 과제이다. 이 글에서는 AI 기술의 발자취를 더듬어보고 최신 연구동향을 조명해보고자 한다. 머신러닝부터 딥러닝, 자연어 처리, 컴퓨터 비전에 이르는 AI의 핵심 분야들을 둘러보고, 기술이 적용되는 다양한 현장의 사례를 살펴볼 것이다. 아울러 AI가 열어갈 미래 비전과 그 길목에서 우리가 마주할 도전과제를 전망해보려 한다.

1. Introduction to Artificial Intelligence (AI)

인공지능AI은 컴퓨터 과학의 한 분야로, 인간의 지능을 필요로 하는 학습, 문제 해결, 의사 결정 등의 작업을 수행할 수 있는 지능형 기계를 만드는 것을 목표로 한다. AI의 기원은 1950년대로 거슬러 올라가는데, 당시 선구적인 과학자들은 인간처럼 생각할 수 있는 기계를 만들 가능성을 처음 모색하기 시작했다. 초기의 신경망 개발과 튜링 테스트의 고안은 AI 분야의 기반을 닦았다. 그러나 AI의 발전 과정은 순탄치 않았다. 집중적인 연구개발 시기와 회의와 좌절의 시기가 교차하며 'AI의 겨울'로 불리는 침체기를 겪기도 했다. 하지만 최근 컴퓨팅 파워의 기하급수적 성장, 방대한 데이터의 증가, 알고리즘의 발전으로 AI는 르네상스를 맞이하고 있다.

2. Machine Learning (ML)

　　AI 발전을 주도하는 핵심 분야 중 하나는 머신러닝ML이다. 머신러닝은 명시적인 프로그래밍 없이 경험을 통해 학습하고 성능을 향상시키는 컴퓨터의 능력에 초점을 맞춘다. 대량의 데이터를 활용해 알고리즘을 훈련시켜 패턴을 인식하고 예측하는 능력을 키운다. 머신러닝은 지도학습, 비지도학습, 강화학습으로 나뉜다. 지도학습은 입력 데이터와 정답 레이블을 알고리즘에 제공해 학습시키는 반면, 비지도학습은 레이블이 없는 데이터에서 숨겨진 구조를 발견하도록 학습한다. 강화학습은 에이전트가 보상 신호를 최대화하는 방향으로 환경 내에서 의사결정을 내리도록 훈련한다.

3. Deep Learning (DL)

　　최근 AI 혁명을 주도하고 있는 또 다른 분야는 딥러닝DL이다. 딥러닝은 다층 구조의 인공신경망을 활용해 데이터의 계층적 표현을 학습하는 머신러닝의 한 갈래다. 심층 신경망은 이미지와 음성 인식, 자연어 처리, 심지어 예술 창작에 이르기까지 다양한 분야에서 혁혁한 성과를 올리고 있다. 합성곱 신경망CNN은 이미지 인식 분야에서 가장 널리 쓰이는 딥러닝 구조다. CNN은 이미지의 지역적 특징을 학습해 계층적으로 조합함으로써 시각 데이터를 효과적으로 처리한다. 이는 객체 탐지, 얼굴 인식, 자율주행차 등 다양한 컴퓨터 비전 응용 분야의 발전을 이끌어왔다. 순환 신경망RNN은 텍스트나 시계열 데이터 같은 연속적 데이터를 처리하도록 설계되었다. RNN은 이전 입력의 정보를 기억하는 메모리 구조를 가지고 있어 언어 번역, 감성 분석, 음성 인식 등의 작업에 적합하다.

4. Natural Language Processing (NLP)

자연어 처리NLP 분야 역시 딥러닝의 발전으로 큰 혜택을 보았다. NLP는 컴퓨터가 인간의 언어를 이해하고 해석하며 생성할 수 있도록 하는 것을 목표로 한다. 토큰화, 어간 추출, 형태소 분석 등의 기법으로 텍스트 데이터를 전처리하고 정규화하며, 감성 분석을 통해 텍스트의 감성을 판별한다. NLP 기술은 우리 일상에 스며들어 있다. 질의에 대답하는 챗봇과 가상 비서부터 언어의 장벽을 허무는 기계번역에 이르기까지 그 영향력은 광범위하다. 기업들은 NLP를 활용해 방대한 비정형 데이터에서 고객 리뷰나 소셜 미디어 반응 등 가치있는 인사이트를 추출해낸다.

5. Computer Vision and Image Recognition

컴퓨터 비전은 우리 주변 세계의 시각적 정보를 해석하고 이해할 수 있는 컴퓨터의 능력에 주목한다. 객체 탐지 및 추적 알고리즘은 이미지나 비디오에서 특정 객체를 식별하고 위치를 파악하며, 이미지 분할 기술은 객체의 정확한 경계를 구분해낸다. 컴퓨터 비전의 대표적 활용 사례인 얼굴 인식은 최근 크게 주목받고 있다. 보안과 편의성 향상의 잠재력이 크지만 프라이버시 침해와 오용 가능성에 대한 우려도 제기된다. 얼굴 인식 기술이 더 발전하고 널리 쓰이게 될수록 책임감 있는 활용을 위한 윤리 기준 마련이 시급해진다. 컴퓨터 비전의 발전은 자율주행차 개발에도 핵심적인 역할을 하고 있다. 자율주행차는 센서, 카메라, AI 알고리즘의 조합으로 주변 환경을 인식하고 안전하게 주행한다. 컴퓨터 비전을 통해 차량은 객체와 보행자, 교통 표지판을 탐지 및 인식하고 실시간으로 의사결정을 내린다.

6. AI's Future Prospects

우리는 AI 기반 미래의 문턱에 서 있다. AI는 산업의 판도를 뒤바꾸고 우리의 삶과 일하는 방식을 혁신할 잠재력을 지녔다. 동시에 윤리, 프라이버시, 사회적 영향에 관한 중요한 질문도 제기한다. AI의 잠재력을 온전히 실현하려면 책임감 있고 신중한 개발과 활용이 필수적이다. 또한 대중의 AI 이해도 제고와 참여가 중요하다. AI가 우리 삶에 깊숙이 스며들수록 기본적인 작동 원리와 영향력에 대한 이해는 필수불가결해진다. 이는 사람들이 AI의 미래를 만드는 데 주도적으로 참여할 수 있는 역량을 부여한다. AI는 우리 세상을 근본적으로 변화시킬 잠재력을 지닌 빠르게 진화하는 분야다. 머신러닝부터 딥러닝, 자연어 처리, 컴퓨터 비전에 이르기까지 AI의 세부 분야들은 가능성의 한계를 뚫고 나아가고 있다. 우리는 이 놀랍고도 복잡한 영역을 탐구하며 기회를 포착하고 도전과제에 맞서야 한다. AI 기술 발전이 투명성과 윤리 원칙에 기반을 두고 전 인류의 이익에 부합하는 방향으로 나아가도록 이끄는 것이 우리의 책무다. AI가 제시하는 기회를 포용하고 어려움을 헤쳐 나가며, 우리는 지능형 기계가 단순한 도구가 아닌 지식과 혁신, 발전을 위한 파트너가 되는 미래를 만들어갈 수 있다.

머신러닝의 세계

데이터와 알고리즘의 교차점에서 탄생한 머신러닝은 우리 삶의 방식을 송두리째 바꾸어 놓고 있다. 인간의 개입 없이 스스로 학습하고 진화하는 이 혁신적인 기술은 마치 아이가 세상을 배워가듯 방대한 데이터를 탐험하고 패턴을 발견해낸다. 머신러닝의 핵심은 바로 데이터이다. 마치 훌륭한 요리사가 최상의 재료를 고르듯, 데이터 과학자들은 알고리즘을 먹여 살릴 양질의 데이터를 정성껏 준비한다.

머신러닝의 세계에는 다양한 방법론이 공존한다. 가장 널리 쓰이는 지도학습은 정답이 명시된 데이터로 모델을 학습시켜 새로운 상황에 적용하는 방식이다. 사기 거래 탐지부터 질병 진단까지, 지도학습은 이미 우리 곁 가까이에서 활약 중이다. 반면 비지도학습은 정답 없는 데이터의 숨겨진 구조를 발견하는 탐험과도 같다. 군집화 기법으로 비슷한 데이터끼리 묶어내고, 차원 축소로 복잡한 데이터를 간결하게 요약한다. 강화학습 또한 주목할 만한 접근법이다. 마치 인간이 시행착오를 거쳐 성장하듯, 에이전트는 환경과 상호작용하며 보상을 통해 학습한다. 로보틱스, 게임 플레이, 자율주행 등 강화학습의 잠재력은 무궁무진하다. 하지만 머신러닝의 길이 순탄하지만은 않다. 과적합이라는 함정은 모델이 학습 데이터에 지나치게 특화되어 새로운 상황에 취약해지는 상황을 일컫는다. 마치 시험 문제는 완벽히 풀지만 응용력이 부족한 학생처럼 말이다. 정규화, 교차 검증, 특성 선택 등의 테크닉이 모델의 복잡도와 일반화 사이의 균형을 잡아준다. 반대로 과소적합은 지나치게 단순한 모델로 데이터의 중요한 신호를 포착하지 못하는 문제이다. 한정된 색으로 그림을 그리는 화가처럼, 과소적합 모델은 문제의 본질을 섬세하게 담아내지 못한다. 해법은 모델을 더 복잡하게 만들거나, 유의미한 특성을 설계하고, 추가 데이터를 모으는 것이다.

머신러닝의 응용 분야는 놀라울 정도로 광범위하다. 의료계에서는 방대한 의료 데이터를 분석해 질병을 조기 진단하고 맞춤 치료를 제공하는 데 머신러닝을 활용한다. 금융업계는 이상 거래 탐지, 신용 평가, 투자 전략 최적화에 머신러닝 모델을 적극 도입하고 있다. 최근에는 머신러닝의 설명가능성과 공정성에 대한 관심이 높아지고 있다. 블랙박스로 여겨지던 머신러닝 모델의 의사결정 과정을 인간이 이해할 수 있도록 하는 '설명 가능한 AI^{XAI}' 기술이 활발히 연구되고 있다. 또한 머신러닝 모델이 학습 데이터의 편향을 그대로 반영하여 차별적인 결과를 초래하지 않도록 알고리즘 공정성을 확보하기 위한 노력도 지속되고 있다. 아울러 연합학습, 프라이버시 보존 머신러닝 등 데이터 프라이버시를 보호하면서도 효과적인 학습을 수행하는 방안들도 주목받고 있다. 머신러닝이 보다 투명하고 책임감 있게 활용되기 위한 기반 기술들이 속속 등장하고 있는 것이다. 실시간으로 데이터를 분석해 위험을 예측하고 의사결정을 내리는 데 머신러닝은 이제 필수 요소가 되었다. 마케팅에서도 머신러닝은 개인화와 타겟팅의 핵심 동력이다. 사용자의 취향과 행동 데이터를 학습한 추천 시스템은 맞춤형 콘텐츠를 제안하고, 고객 세분화 모델은 마케팅 전략 수립에 활용된다. 교통 분야에서도 패러다임의 대전환이 진행 중이다. 정교한 인식과 의사결정 알고리즘을 탑재한 자율주행차는 안전성과 효율성을 획기적으로 높일 전망이다. 환경을 지속적으로 학습하고 실시간 상황에 적응하는 자율주행 기술의 발전은 가히 혁명적이라 할 만하다.

자연어 처리와 컴퓨터 비전은 머신러닝의 또 다른 프론티어이다. 자연어 처리 알고리즘은 인간의 언어를 이해하고 해석하며 생성하는 기술로, 기계번역과 챗봇, 감성 분석 등에 활용된다. 컴퓨터 비전 모델은 이미지와 영상에서 객체와 얼굴, 장면을 인식하는 능력을 갖췄다. 감시 시스템, 자율 주행, 증강현실 등 다양한 분야에서 컴퓨터 비전 기술이 적용되고 있다. 머신러닝의 시대를 맞아 우리에게는 균형 잡힌 시각이 필요하다. 엄청난 잠재력에도 불구하고 윤리적 고려사항과 사회적 영향에 대해 깊이 통찰해야 한다. 머신러닝 시스템의 공정성과 투명성, 책임성 확보는 신뢰로운 미래를 위한 필수조건이 될 것이다. 우리는 지금 머신러닝이라는 거대한 흐름 앞에 서 있다. 이 변화의 물결을 기회로 삼기 위해서는 머신러닝의 본질을 이해하고 관련 기술을 습득하는 자세가 필요하다. 데이터 과학자건, 비즈니스 리더건, 혹은 그저 호기심 많은 평범한 사람이건 말이다.

딥러닝, AI의 핵심 엔진

인공지능의 핵심 엔진, 딥러닝이 우리 앞에 놓인 미지의 세계로 우리를 인도한다. 지난 수십 년간 인공신경망은 단순한 퍼셉트론에서 출발하여 복잡한 패턴과 관계를 학습할 수 있는 다층 구조로 진화해 왔다. 1980년대 역전파 알고리즘의 등장은 전환점이 되어 다수의 은닉층을 가진 심층신경망의 학습을 가능케 했고, 이는 이미지 인식을 위한 합성곱신경망CNN, 순차 데이터 처리를 위한 순환신경망RNN, 자연어 이해를 위한 트랜스포머 등 다양한 딥러닝 모델의 발전으로 이어졌다.

딥러닝의 핵심은 표현 학습, 즉 원시 데이터에서 의미 있는 특징을 자동으로 추출하는 신경망의 능력에 있다. 전통적인 머신러닝 방식과 달리 딥러닝 모델은 입력 데이터에서 직접 복잡한 패턴과 추상화를 발견할 수 있다. 계층적 특징 추출 과정을 통해 딥러닝은 가장자리나 질감 같은 저차원 세부 정보부터 객체나 장면 같은 고차원 개념까지 학습하며, 이러한 강력한 능력은 이미지 분류나 음성 인식 같은 작업에서 인간 수준을 뛰어넘는 성과로 이어졌다. 딥러닝의 놀라운 성취는 이제 일상이 되었다. 2012년 알렉스넷 AlexNet이 이미지넷 챌린지에서 전례 없는 정확도를 달성하며 딥러닝 시대의 서막을 열었고, 이후 딥러닝 모델들은 계속해서 기록을 경신하며 한계를 뛰어넘고 있다. 바둑이나 체스 같은 복잡한 게임에서 세계 챔피언을 꺾은 것은 물론, 질병 진단에서도 비견할 데 없는 정밀도를 보이며 딥러닝은 인류가 마주한 가장 어려운 도전들을 해결할 잠재력을 입증하고 있다. 그러나 아직 딥러닝의 내부 작동 방식은 상당 부분 베일에 싸여 있어 '블랙박스'라는 별명으로 불린다. 모델이 어떻게 판단에 이르는지 이해하는 것은 이 분야의 중대한 도전 과제이다. 연구자들은 활성화 맵 시각화, 학습된 특징 해석, 개별 입력의 영향 분석 등 의사 결정 과정을 해부하기 위해 다각도로 노력하고 있다. 설명 가능한 AI XAI는 딥러닝 모델에 투명성과 해석 가능성을 부여하기 위한 핵심 연구 분야로 부상했다. 블랙박스를 열어젖히는 것은 이 시스템에 대한 신뢰를 구축하고 중요한 의사 결정에 책임감 있게 활용할 수 있게 해줄 것이다.

우리는 지금 AI 혁명의 최전선에 서 있다. 연구자들은 비지도학습, 강화학습, 생성 모델 같은 새로운 영역을 개척하며 딥러닝의 한계를 뛰어넘고 있다. 2022년 DeepMind가 소개한 AlphaFold는 단백질 구조 예측 문제에서 획기적인 성과를 거두었다. 단백질 구조는 생물학적 기능과 직결되는 핵심 정보로, 50년 넘게 풀리지 않던 난제였다. AlphaFold는 딥러닝으로 방대한 유전체 데이터를 학습해 단백질 구조를 고도의 정확도로 예측하는 데 성공했다. 이는 신약 개발 등 바이오테크 분야에 혁신을 불러일으킬 잠재력을 지닌 쾌거로 평가된다. 딥러닝의 응용 범위가 자연과학의 근본 질문에 답할 만큼 확장되고 있음을 보여주는 사례이다. 비지도학습은 레이블이 없는 데이터에서 패턴과 구조를 발견하여 방대한 비정형 정보로부터 학습할 수 있게 한다. 강화학습은 환경과의 시행착오 상호작용을 통해 에이전트를 훈련시켜 최적의 의사결정을 내리도록 하며, 이는 지능형 자율 시스템으로 가는 길을 열어준다. 생성적 적대 신경망GAN 같은 생성 모델은 새롭고 사실적인 데이터를 창조할 수 있어 예술, 디자인, 신약 개발 등 다양한 분야에서 흥미로운 가능성을 예고하고 있다.

딥러닝의 여정은 아직 끝나지 않았다. 우리가 인공신경망의 신비를 하나씩 풀어갈수록, 기계가 세상을 인식하고 상호작용하는 방식에 패러다임의 전환이 일어나고 있음을 목격하게 된다. 클라우드 컴퓨팅, 엣지 디바이스, 양자 컴퓨팅 등 다른 기술과의 융합은 딥러닝의 혁신을 가속화하고 새로운 지평을 열어줄 것이다. 하지만 큰 힘에는 큰 책임이 따른다. 우리는 딥러닝의 잠재력을 이끌어내는 동시에 윤리적, 사회적 함의를 진지하게 고민하고 기술이 책임감 있고 공정하게 발전하고 적용될 수 있도록 해야 한다. 인공지능 시대, 딥러닝 신경망은 기술 혁명의 선봉에 서 있다. 인간 두뇌의 복잡성을 모방한 이 모델들은 다양한 영역에서 인간의 성과를 능가하는 놀라운 위업을 달성했다. 우리는 앞으로 다가올 도전과 기회를 포용하며 딥러닝의 한계를 끊임없이 뛰어넘어야 한다. 미래는 꿈꾸는 자들의 것이다. 미지의 세계로 모험을 떠나 우리를 기다리고 있는 신비를 하나씩 밝혀낼 용기 있는 자들 말이다. 딥러닝을 우리의 나침반 삼아, 우리는 인공지능이 펼쳐줄 무한한 잠재력을 향해 전진한다.

컴퓨터 비전, AI의 눈

우리가 눈으로 보는 세상을 컴퓨터도 인식할 수 있다면 어떨까? 바로 컴퓨터 비전 기술이 그 기능을 수행한다. 컴퓨터 비전은 인간의 시각능력을 기계로 구현하려는 인공지능의 한 분야로, 이미지와 동영상 속 정보를 이해하고 분석하는 역할을 한다. 컴퓨터 비전의 핵심은 픽셀로 표현된 시각 데이터에서 의미 있는 특징과 패턴을 추출하는 것에 있다. 이를 위해 이미지 처리, 머신러닝, 딥러닝이 서로 긴밀하게 상호작용한다. 먼저 이미지 처리 알고리즘이 이미지 향상, 노이즈 제거, 경계 검출 등을 수행하며 데이터를 분석에 적합한 형태로 변환하는 것이다. 그리고 방대한 학습데이터로 훈련된 머신러닝 알고리즘이 이미지 속 사물, 장면, 활동을 식별하고 분류하는 것이다. 특히 딥러닝의 등장으로 계층적 특징 표현을 자동으로 학습하게 되면서 컴퓨터 비전의 인식 정확도와 강건성이 비약적으로 향상되었다. 컴퓨터 비전 모델은 정교하게 설계된 일련의 처리 단계를 거친다. 먼저 입력된 시각 데이터를 정규화하고 화질을 개선하는 전처리 과정을 거친다. 다음으로 SIFT, HOG 등 특징 추출 기법을 적용해 이미지를 대표할 수 있는 핵심 정보를 추려낸다. 이렇게 추출된 특징들은 사물 검출, 분할, 인식 등 상위 수준의 이해 작업을 위한 기본 재료가 된다. 머신러닝을 통해 특징과 객체 범주 간 관계를 학습함으로써 이미지나 동영상 속 객체를 정확히 찾아내고 위치를 파악하는 것이다.

컴퓨터 비전은 계속해서 진화하고 있다. 자율주행차의 복잡한 주행 환경 인식에서부터 의료 영상의 미세한 이상 탐지에 이르기까지, 컴퓨터 비전은 산업계 전반에 걸쳐 혁신을 주도하며 지능형 시스템의 미래를 열어가고 있다. 우리 눈에 비친 시각 세계를 기계가 이해하고 해석하는 방식을 풀어가다 보면 컴퓨터 비전이 가진 무한한 잠재력에 감탄하게 될 것이다.

시각적 인식의 힘을 기계에 부여하다

객체 검출과 인식 기술은 이미지나 동영상에서 특정 사물을 찾아내고 식별하는 컴퓨터 비전의 핵심 과제이다. 이 기술은 보안 감시에서 로봇 공학, 증강현실에 이르는 다양한 현실 세계 응용 분야에서 중추적인 역할을 수행하고 있다. 최근 딥러닝 아키텍처의 발전으로 객체 검출과 인식의 정확도와 효율성이 크게 개선되었다. 객체 검출 과정은 이미지에 존재하는 객체의 위치를 정확히 찾아내는 것뿐만 아니라, 해당 물체가 존재하는지 여부를 판단하는 것까지 포함한다. 전형적으로 이미지를 다양한 크기와 위치의 윈도우로 스캔하면서 각 윈도우에 대해 객체의 존재 유무를 분류하는 CNN을 적용하는 것이다. RPN이나 SSD 같은 발전된 기법들은 객체 후보 영역 추천과 검출을 단일 순방향 연산으로 처리함으로써 연산량을 크게 줄였다.

한편 객체 인식은 검출된 객체를 미리 정의된 범주로 분류하는 작업에 초점을 둔다. 이는 대량의 레이블된 이미지 데이터셋으로 CNN을 학습시켜 이뤄진다. 학습 과정에서 CNN은 각 객체 범주를 잘 대표하는 시각적 특징과 패턴을 자동으로 포착하게 된다. 이렇게 훈련된 모델은 주어진 테스트 이미지에 대해 검출된 객체의 클래스 레이블을 높은 정확도로 예측할 수 있다. 객체 검출과 인식의 영향력은 학술적 연구를 넘어 실제 산업 현장 곳곳에서 발휘되고 있다. 자율주행차의 경우 보행자, 차량, 장애물 등을 실시간으로 인지하고 위치를 파악해야만 안전한 주행이 가능하다. 제조업에서는 생산라인의 불량품을 자동으로 검사하는 품질 관리 시스템에 객체 검출 및 인식이 활용되어 인적 오류를 최소화하고 생산성을 높이고 있다. 의료 분야에서도 질병의 조기 진단을 위해 X-ray, CT, MRI 등 의료 영상 데이터 분석에 객체 검출과 인식이 적극 도입되고 있다. 객체 검출과 인식 기술은 끊임없이 발전하며 물리적 세계와 디지털 세계의 경계를 허물어가고 있다. 인간과 유사한 수준의 인식 능력을 기계에 부여함으로써 이 기술은 지능형 자동화와 맞춤형 서비스, 몰입감 넘치는 경험을 구현하는 새로운 지평을 열어가고 있다. 객체 검출과 인식이 이루어낼 변화의 폭과 깊이는 우리의 상상력에 달려 있을 것이다.

감정을 해석하다

안면인식과 감정 분석은 컴퓨터 비전 기술의 힘을 빌려 인간의 감정 상태를 기계가 파악할 수 있게 만드는 강력한 도구로 자리매김하고 있다. 딥러닝의 발전으로 이제 기계는 단순히 얼굴을 식별하는 데 그치지 않고, 표정을 통해 전달되는 감정의 폭과 깊이까지 간파할 수 있게 되었다. 이는 보안에서 마케팅, 헬스케어에 이르기까지 광범위한 분야에서 활용되며 인간과 기계의 상호작용 방식을 근본적으로 바꾸어 놓고 있다. 안면인식의 핵심은 이미지나 영상에서 추출한 얼굴 특징을 기반으로 개인을 식별하고 매칭하는 것에 있다. CNN을 활용한 딥러닝 모델은 얼굴 이미지에서 각 사람을 구분 짓는 고유한 정보를 임베딩이라는 컴팩트한 벡터 형태로 인코딩한다. 조명, 자세, 표정 등 다양한 변이 요인이 있는 상황에서도 높은 인식률을 달성하기 위해 방대한 얼굴 데이터로 모델을 학습시키는 것이다. 이렇게 훈련된 모델은 실제 활용 단계에서 주어진 얼굴 이미지를 등록된 개인의 임베딩과 실시간으로 비교하며 개인을 정확히 식별해 낸다.

감정 분석은 안면인식에서 한 걸음 더 나아가 얼굴 표정에서 감정 상태를 읽어내는 작업이다. 눈썹을 들어올리거나 입꼬리를 올리는 것과 같은 얼굴 근육의 미세한 변화를 분석함으로써 행복, 슬픔, 놀람, 분노,

공포 등 다양한 감정을 추론할 수 있다. 이는 표정과 감정 레이블이 주석된 데이터셋을 활용해 학습한 딥러닝 모델을 통해 이뤄진다. 모델은 얼굴 특징과 감정 사이의 복잡한 관계 패턴을 포착함으로써 표정만으로도 개인의 감정 상태를 실시간으로 예측할 수 있다.

안면인식과 감정 분석의 활용 사례는 실로 광범위하다. 출입 통제, 신원 확인, 감시 등 공공 안전 분야에서 안면인식은 없어서는 안 될

[공항 내 안면인식 활용]

핵심 기술로 자리 잡았다. 고객 경험 관리에서는 감정 분석을 통해 고객의 만족도와 선호도를 실시간으로 파악하고 즉각 대응함으로써 서비스 품질을 제고하는 데 활용되고 있다. 헬스케어 영역에서는 우울증이나 불안장애 같은 정신건강 상태를 얼굴 단서에서 비침습적으로 감지하고 모니터링하는 데 감정 분석이 도입되고 있다. 그러나 안면인식과 감정 분석의 광범위한 적용은 윤리와 프라이버시에 대한 중요한 고민을 함께 수반한다. 감시와 프로파일링 등 기술 오남용 가능성을 둘러싼 우려의 목소리가 커지면서, 개인의 권리와 자유를 보장하면서도 기술의 순기능은 극대화할 수 있는 규제 체계 마련이 시급한 과제로 부상했다. AI 시대를 항해하는 우리에게는 안면인식과 감정 분석이 가진 잠재력을 현명하고 책임감 있게 활용할 수 있는 지혜와 용기가 그 어느 때보다 절실히 요구되는 시점이다. 안면인식과 감정 분석의 진화는 기계가 인간의 감정을 더욱 섬세하고 공감적으로 이해하는 새로운 지평을 열어가고 있다. 미묘한 표정의 변화마저 읽어내는 능력을 통해 이 기술은 인간과 기계 사이의 소통과 교감에 혁신적인 변화를 가져올 잠재력을 갖고 있다. 우리가 이 강력한 기술의 윤리적 도전을 슬기롭게 헤쳐 나간다면, 안면인식과 감정 분석은 인류에게 한층 더 풍요롭고 행복한 삶의 기회를 선사할 것이다.

의료 서비스를 혁신하다

의료영상 분석은 컴퓨터 비전 기술이 헬스케어 분야에 가져온 변혁적인 사례이다. 인공지능과 딥러닝의 힘을 빌려 X-ray, CT, MRI, 초음파 등 다양한 의료 영상을 자동으로 분석하고 해석하는 시스템은 의료 서비스의 정확성과 효율성을 획기적으로 높이고 있다. 전문의 수준에 버금가는 진단 보조 기능을 제공함으로써 AI 기반 의료영상 분석은 의사의 업무 부담을 덜어주고, 오진율을 낮추며, 치료 의사결정을 최적화하는 데 기여하고 있다. 의료영상 분석의 핵심은 CNN으로 대표되는 딥러닝 모델이 방대한 양의 레이블된 의료 데이터를 학습해 영상에 내재된 질병의 특징적 패턴을 자동으로 포착하고 정량화하는 것에 있다. 모델은 영상 픽셀의 미세한 변화 속에서 종양, 출혈, 골절 등 이상 징후를 민감하게 감지해 낸다. 전문의의 소견이 부착된 대규모 데이터셋을 활용해 학습함으로써 AI는 인간 의사의 직관과 경험을 흡수하고, 이를 토대로 한층 더 강건하고 일반화된 진단 모델을 구축해 나간다.

AI 기반 의료영상 분석의 적용 범위는 실로 광범위하다. 폐 X-ray 영상에서 코로나19, 폐렴, 폐암 등을 조기에 발견하거나 뇌 MRI에서 뇌졸중, 치매, 뇌종양 등 이상을 감지하는 데 AI가 의사들의 눈과 손이 되어주고 있다. 유방암 검진용 유방 X-ray인 유방촬영술 영상 판독에서도 AI는 암 병변을 식별하고 위험도를 예측하는 강력한 도구로 자리매김했다. 최근에는 CT, MRI 영상에서 장기와 병변을 자동으로 분할하고 정량 분석하는 AI 기술도 가파른 성장세를 보이고 있다. AI 기반 의료영상 분석은 단순히 기존 진단 체계의 보조 수단에 머무르지 않고 새로운 의료 패러다임을 열어가고 있다. AI가 영상에서 포착한 미묘한 텍스처, 모양, 신호 강도의 변화는 질병의 조기 징후일 수 있다는 통찰을 제공한다. 이는 증상 발현 이전 단계에서 선제적 개입이 가능한 예측 의료의 길을 열어준다. 장기간 추적관찰이 필요한 만성질환 관리에서도 AI는 환자 상태를 객관적으로 모니터링하고 치료 계획을 최적화하는 데 큰 역할을 하게 될 것이다. 그러나 AI 기반 의료영상 분석 기술이 의료 현장에 성공적으로 스며들기 위해서는 풀어야 할 숙제가 많다. AI 모델의 예측 근거를 설명 가능한 형태로 제시함으로써 의사와 환자의 신뢰를 얻는 것이 중요한 과제이다. 다양한 의료기관과 장비에서 생성된 이질적인 영상 데이터를 아우를 수 있는 강건한 모델을 개발하고 검증하는 것도 필수적이다. 무엇보다 데이터 편향성 문제를 극복하고 공정하고 윤리적인 AI 알고리즘을 개발하기 위한 의료계와 IT업계, 정책 입안자 간의 긴밀한 협력이 요구된다.

    AI 기반 의료영상 분석은 우리에게 전례없는 도전과 기회를 동시에 제시하고 있다. 고도화된 영상 분석 기술로 무장한 AI 닥터가 인간

의사와 긴밀히 협업하는 미래 의료 생태계를 향해 나아가려면 기술적 혁신 못지않게 사회적 합의와 제도적 뒷받침이 필수불가결할 것이다. 우리가 이 여정을 슬기롭게 헤쳐 나간다면 AI는 모든 인류를 위한 더욱 정확하고, 신속하며, 포용적인 의료 서비스 구현에 가까워지는 든든한 조력자가 되어줄 것이다.

초월을 향한 비상

우리는 지금 컴퓨터 비전 기술의 눈부신 발전이 펼쳐내는 새로운 지평에 서 있다. 객체 검출, 안면인식, 의료영상 분석 등 컴퓨터 비전의 활약상은 이미 우리 일상과 산업 세계 구석구석에 스며들어 혁신의 바람을 일으키고 있다. 그러나 이는 시작에 불과하다. 앞으로 우리를 기다리고 있는 컴퓨터 비전의 내일은 상상을 초월하는 진보와 변화의 물결로 가득할 것이다. 미래의 컴퓨터 비전 세계에서 시각적 인식 기술은 더욱 강력하고 섬세해질 것이다. 현재의 이미지 인식이 사물과 장면의 범주를 분류하는 데 초점을 맞추고 있다면, 앞으로는 보다 세밀하고 종합적인 시각 이해가 가능해질 것이다. 객체의 재질, 상태, 기능까지 파악하고, 이미지에 담긴 사건의 전후 맥락을 읽어내며, 나아가 이미지 속 세계에 대한 풍부하고 추상적인 지식을 습득하는 AI 비전 시스템이 실현될 것이다. 3차원 공간 인식 기술의 고도화도 컴퓨터 비전의 새로운 미래

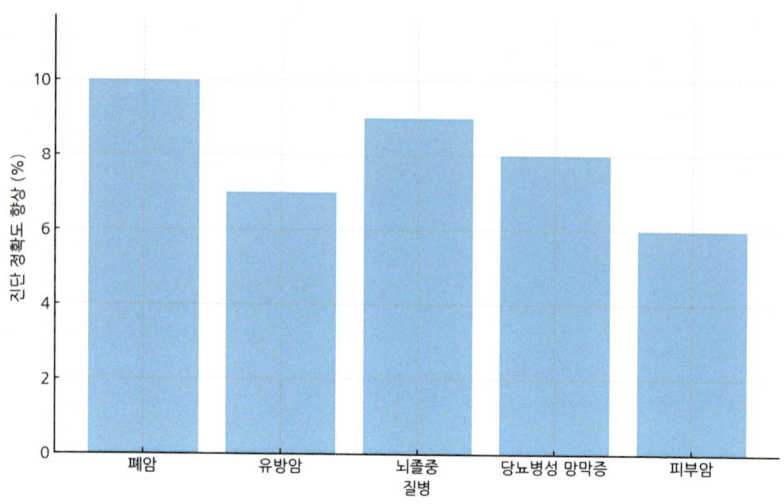

[질병의 진단 정확도 향상]

를 이끌 원동력이 될 것이다. AR, VR 등 실감 미디어 기술과의 접목을 통해 카메라로 포착한 현실 공간을 동적으로 재구성하고 홀로그램처럼 정교하게 증강하는 것이 가능해질 것이다. 이는 의료 수술 보조, 건축 설계, 가상 쇼핑 등에 적용되어 혼합현실 경험을 한 차원 도약시킬 것이다. 드론, 자율주행차 등에 장착된 컴퓨터 비전 기술은 주위 환경을 실시간으로 정밀하게 이해하고 안전하게 항행하는 초지능 기계의 눈으로 진화하게 될 것이다.

컴퓨터 비전의 궁극적인 도전은 아마도 '일반 지능'의 구현이 될 것이다. 특정 과제에 특화된 시각 인식을 넘어, 인간처럼 유연하고 창의적으로 시각 세계를 이해하고 문제를 해결하는 AI 비전 에이전트 말이다. 단편적인 시각 정보를 한데 엮어 통합적이고 인과적인 세계 모델을 구축하고, 이를 바탕으로 추론과 예측, 계획을 수행하는 인공 지능을 향해 컴퓨터 비전은 나아갈 것이다. 시각을 통해 세상을 배우고 세상과 소통하는 지능, 바로 인간 수준을 넘어서는 초월적 AI 비전을 향한 원대한 비전이 우리 앞에 펼쳐지고 있다.

자연어 처리, AI와 대화하기

인공지능의 언어 이해 기술은 눈부신 발전을 거듭해 왔다. 과거 단순한 규칙 기반의 챗봇에서 시작한 대화형 AI는 이제 사람과 자연스러운 대화를 나누는 수준으로 진화했다. 자연어 처리, 머신러닝, 그리고 딥러닝 기법의 발전은 이러한 변화를 이끈 원동력이었다. 초기 챗봇은 미리 정의된 패턴과 규칙에 의존해 사용자의 입력을 이해하고 응답을 생성했다. 복잡한 질의를 다루는 데 한계가 있었고 새로운 상황에 유연하게 대처하기 어려웠다. 그러나 이는 보다 발전된 대화형 AI 시스템 개발의 토대가 되었다. 통계적 방법과 머신러닝 알고리즘의 등장은 대화형 AI 분야에 혁신을 가져왔다. 방대한 대화 데이터를 분석하여 패턴을 파악하고 보다 자연스러운 응답을 생성하는 법을 학습하게 된 것이다. 이는 AI가 인간과 유사한 대화를 수행하는 능력을 크게 향상시켰다.

순환 신경망과 트랜스포머 모델 같은 딥러닝 기술의 발전은 대화형 AI의 성능을 한층 더 끌어올렸다. 언어의 뉘앙스를 포착하고 문맥을 이해하며 일관되고 적절한 응답을 만들어내는 것이 가능해졌다. 여러 차례에 걸쳐 대화를 이어나가고 모호한 표현도 처리하며 심지어 성격적 특성까지 보여줄 수 있게 되었다. 이제 대화형 AI는 고객 지원, 가상 비서, 게임, 엔터테인먼트 등 다양한 영역에서 활용되고 있다. 감성 지능, 상식 추론, 멀티모달 상호작용 등 새로운 연구 분야를 탐구하며 계속 진화하고 있다. AI가 점점 더 정교해지면서 우리의 일상생활 속 기술과의 소통 방식을 혁신하고 삶의 질을 높일 잠재력을 갖게 되었다. 대화형 AI의 효과적인 의사소통을 위해서는 인간의 언어를 이해하는 능력이 핵심이다. 자연어 이해NLU는 기계가 사람의 발화 속 의미와 의도를 파악할 수 있도록 하는 AI 기술의 한 분야다. 의미론적 분석, 구문 파싱, 담화 이해 등 다양한 기법의 복합적 상호작용을 통해 이뤄진다. NLU 시스템은 규칙 기반 접근법과 통계적 접근법을 조합하여 인간의 언어를 처리하고 해석한다. 문장을 구성 요소로 분해하고 단어와 구문 사이의 관계를 식별하며 내재된 의미를 추출해낸다. 이 과정에서 품사 태깅, 개체명 인식, 의존 구문 분석 등의 작업이 수행된다.

인간 언어의 모호성과 복잡성을 다루는 것은 NLU의 주요 과제 중 하나다. 단어는 문맥에 따라 다양한 의미를 가질 수 있고, 문장은 같은 의도를 전달하더라도 여러 방식으로 구성될 수 있다. NLU 시스템은 이런 복잡성을 헤쳐나가 의도된 의미를 정확히 파악해야 한다. 최근 딥러닝의 발전은 NLU 시스템의 역량을 크게 향상시켰다. 트랜스포머나 사전학습된 언어 모델 같은 모델은 언어를 훨씬 더 깊이 있게 이해할 수 있게 했다. 언어의 뉘앙스를 포착하고 맥락을 파악하며 관용적 표현이나 비유적 언어까지 처리할 수 있다. 효과적인 NLU는 인간과 자연스럽고 의미 있는 소통을 할 수 있는 대화형 AI 시스템 구축의 핵심이다. 사용자의 질의를 이해하고 의도를 해석하며 적절하고 정확한 응답을 제공할 수 있도록 한다. NLU 기술이 발전함에 따라 복잡하고 다양한 대화를 더욱 세련되게 처리하는 대화형 AI를 기대할 수 있게 되었다.

자연어 생성은 대화형 AI의 또 다른 중요한 축이다. 자연어 이해가 사람의 언어를 파악하는 데 주력한다면, 언어 생성은 인간과 유사한 응답을 만들어내는 것에 초점을 둔다. 입력과 대화 맥락을 바탕으로 일관성 있고 문맥에 부합하며 자연스러운 느낌의 텍스트를 생성하는 과정이다. 대화형 AI의 언어 생성은 규칙 기반 접근, 통계적 모델, 딥러닝 방법 등 다양한 기법에 기반한다. 규칙 기반 시스템은 입력과 대화 상황에 따라 미리 정의된 템플릿과 규칙을 활용해 응답을 만들어낸다. 특정 시나리오에서는 효과적이지만 다양하고 자연스러운 응답을 만드는 데는 한계가 있다.

N-gram 모델이나 순환 신경망 같은 통계적 언어 모델은 언어 생성에 널리 사용되어 왔다. 이들은 방대한 텍스트 데이터로부터 학습하여 훈련 데이터에서 관찰된 패턴과 구조를 바탕으로 응답을 생성한다. 규칙 기반 시스템에 비해 더 자연스럽고 다채로운 응답이 가능하다. 최근에는 GPT 같은 트랜스포머 기반 모델의 등장으로 대화형 AI의 언어 생성이 혁신을 맞이했다. 엄청난 양의 텍스트 데이터로 학습한 이 모델들은 언어의 뉘앙스와 복잡성을 포착하여 사람과 유사한 응답을 만들어낼 수 있다. 대화의 맥락을 유지하고 창의적이고 몰입감 있는 응답까지 생성할 수 있게 되었다. 언어 생성의 도전 과제 중 하나는 문법적 정확성뿐 아니라 의미적으로 타당하고 대화 흐름에 자연스럽게 연결되는 응답을 만드는 것이다. 이를 위해서는 대화 맥락과 사용자 의도, 전체적인 대화 흐름에 대한 심층적인 이해가 요구된다. 언어 생성 기술이 발전함에 따라 대화형 AI는 더욱 흥미롭고 개인화되며 사람과 유사한 소통을 할 수 있게 될 것이다. 단순히 정보를 전달하는 것을 넘어 감성적 지능을 갖추고 사회적으로 적절한 대화를 수행하는 시스템으로 진화할 전망이다.

오늘날의 글로벌 사회에서 언어의 장벽을 뛰어넘는 소통 능력은 그 어느 때보다 중요해졌다. 다국어 AI는 대화 시스템이 여러 언어를 이해하고 생성할 수 있게 함으로써 이러한 격차를 좁히는 것을 목표로 한다. 이는 이문화 간 소통, 글로벌 비즈니스, 국제 협력의 새로운 가능성을 열어준다. 다국어 AI 시스템을 개발하는 것은 고유한 도전 과제를 안고 있다. 언어마다 문법, 구문, 어휘, 문화적 뉘앙스가 다르기 때문이다. 이러한 차이를 아우르는 모델을 만들기 위해서는 여러 언어의 대규모 주석 데이터가 필요한데, 구하기 쉽지 않고 비용도 많이 든다. 전이학습 기법이 이러한 도전을 해결할 유망한 접근법으로 부상했다. 한 언어로 사전학습된 모델을 활용하여 데이터가 적은 다른 언어에 미세 조정함으로써 연구자들은 적은 언어 특화 훈련 데이터로도 다국어 모델을 개발할 수 있게 되었다. 방대한 언어별 학습 데이터 없이도 여러 언어를 다룰 수 있는 대화형 AI 구축이 가능해진 것이다. 다국어 트랜스포머 모델 등 다국어 모델은 기계번역, 교차언어 정보 검색, 다국어 대화 시스

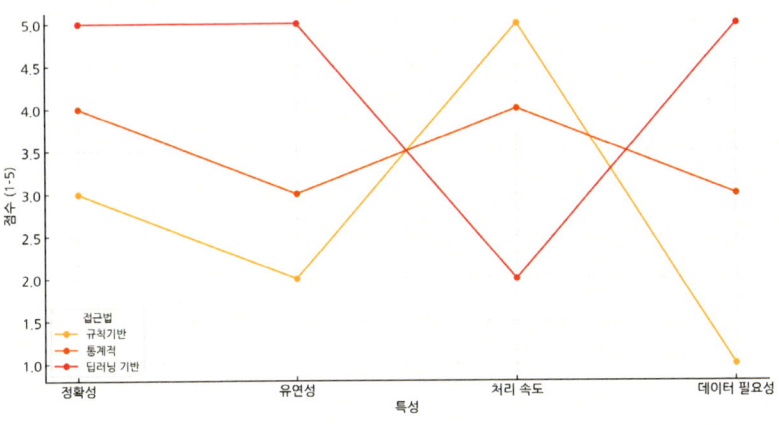

[언어 생성의 기술적 접근법]

템 등 다양한 자연어 처리 과제에서 인상적인 성능을 보여주고 있다. 언어 간 공유 표현을 학습하여 지식을 전이하고 최소한의 미세 조정만으로 새로운 언어로 일반화할 수 있다. 다국어 AI 기술의 발전은 언어 장벽을 허물고 다양한 언어 배경을 가진 사람들 간의 소통을 촉진할 잠재력을 지니고 있다. 기업의 글로벌 진출을 돕고 고객 지원을 개선하며 국제 협업을 향상시킬 수 있을 것이다. 다국어 AI가 계속 발전함에 따라 각종 분야에서 더욱 원활하고 효과적인 언어 간 소통이 이뤄질 것으로 기대된다.

AI 언어 처리 기술이 우리 삶 속에 스며들면서 이 기술의 윤리적 함의를 생각하는 것이 그 어느 때보다 중요해졌다. 대화형 AI는 많은 혜택을 가져다줄 잠재력이 있지만 프라이버시, 편향성, 책임 있는 사용 등에 대한 우려 또한 제기된다. AI 언어 처리에서 주요하게 고려해야 할 윤리적 쟁점 중 하나는 데이터 프라이버시다. 대화형 AI 시스템은 모델 학습과 성능 개선을 위해 방대한 대화 데이터에 의존한다. 이 데이터에는 개인의 민감한 정보가 포함되는 경우가 많아 수집, 저장, 활용 방식에 대한 우려를 낳는다. 적절한 데이터 보호 조치를 마련하고 개인의 프라이버시권을 존중하는 것이 필수적이다. 편향성 역시 AI 언어 처리의 중요한 윤리적 과제다. 언어 모델은 훈련 데이터에 내재된 편견을 무의식적으로 학습하여 차별적이거나 불공정한 결과를 초래할 수 있다. 예컨대 편향된 데이터로 학습한 대화형 AI는 성 고정관념이나 인종 차별적 관점을 반영하는 응답을 할 수 있다. 편향 해소를 위해서는 훈련 데이터를 신중히 선별하고 모델의 공정성을 정기적으로 검사하며 편향을 완화할 기법을 적용하는 것이 중요하다

언어 기술의 책임 있는 사용 또한 주요한 윤리적 고려사항이다. AI 언어 처리 시스템은 혐오 발언, 허위 정보, 공격적 언어 등에 악용될 수 있다. 기술 개발자와 서비스 제공자는 이러한 위험을 최소화하고 사회에 미치는 영향을 예의주시할 책임이 있다. 콘텐츠 조정, 악용 방지책 마련, 윤리 교육 등 다각도의 노력이 필요하다. AI 윤리에 대한 사회적 논의와 합의 도출은 이제 막 시작 단계에 있다. 대화형 AI가 가진 잠재력을 건전하게 실현하기 위해서는 기술 개발자, 정책 입안자, 시민사회가 힘을 모아 윤리 원칙과 규범을 정립하는 과정이 요구된다. 인간 중심의 가치를 지향하며 사회적 신뢰를 확보하는 것이 무엇보다 중요하다. 윤리적 고려사항을 염두에 두면서도 AI 언어 처리 기술은 인간의 삶에 긍정적인 변화를 가져올 잠재력을 갖고 있다. 원활한 의사소통, 맞춤형 서비스, 창의적 협업 등을 통해 우리의 일상을 풍요롭게 하고 사회 문제 해결에 기여할 수 있을 것이다.

앞으로 AI 언어 기술은 보다 세련되고 자연스러우며 지적인 대화

상대로 진화할 전망이다. 오늘날의 대화형 AI가 과거에 비해 눈부신 발전을 이뤘지만, 아직 인간 수준의 언어 이해와 소통 능력에 도달하지는 못했다. 맥락 파악, 상식 추론, 감성 지능 등에서는 한계를 보인다. 그러나 GPT-3, PaLM 등 대형언어모델의 등장으로 자연어처리 분야는 새로운 전기를 맞이했다. 방대한 텍스트 데이터로 사전학습된 이들 모델은 문맥을 이해하고 뉘앙스를 포착하며 일관성 있는 대화를 생성해낸다. 2022년에는 ChatGPT, Bard, Claude 등 대화형 AI 모델들이 GPT-3 등 대형언어모델을 기반으로 출시되어 사람들과 자연스럽게 상호작용하며 다양한 주제의 대화를 나누는 모습을 보여주었다. 여기에 사용자 친화적인 인터페이스의 발전이 더해지면서 인간과 유사한 수준의 언어 소통 능력을 지닌 AI 어시스턴트가 우리 곁에 성큼 다가왔다. 다만 이들 시스템이 완벽하지는 않아 사실 확인이나 편향성 제거 등의 과제를 안고 있지만, 대형언어모델과 대화형 AI의 발전은 머지않아 그 한계를 극복하고 자연어 소통의 새 지평을 열어갈 것으로 기대된다. 하지만 머신러닝과 자연어 처리 분야의 혁신이 계속되면서 이러한 격차는 서서히 좁혀질 것이다. 방대한 지식을 습득하고 미묘한 맥락을 포착하며 창의적이고 공감적인 대화를 수행하는 AI 시스템이 등장할 수 있을 것이다. 우리가 상상하는 것 이상으로 섬세하고 통찰력 있는 대화를 나누는 AI 친구가 현실이 될 지도 모른다.

강화학습, AI의 자율학습

"인간은 시행착오를 통해 배운다." 우리는 어릴 때부터 무수한 경험을 통해 세상을 이해하고 그 속에서 살아가는 법을 익힌다. 인공지능도 마찬가지이다. 강화학습은 에이전트가 환경과의 상호작용을 통해 스스로 학습하고 최적의 의사결정을 내리는 방법을 터득하는 AI 기술이다. 마치 어린아이가 뜨거운 불에 손을 데이고 다시는 그러지 않듯이, 강화학습 에이전트는 행동에 따른 보상을 바탕으로 더 나은 선택을 하는 법을 깨우친다.

강화학습의 핵심은 에이전트와 환경 간의 상호작용이다. 에이전트는 현재 상태를 관측하고 정책에 따라 행동을 선택한다. 그러면 환경은 새로운 상태로 전이되고 에이전트에게 보상 신호를 제공한다. 이 일련의 과정이 반복되면서 에이전트는 누적 보상을 극대화하는 최적 정책을 학습하게 된다. 마치 바둑 기사가 수많은 대국을 통해 실력을 갈고닦듯, 강화학습 에이전트는 환경과의 끊임없는 인터랙션을 거치며 성장한다. 강화학습의 위력은 그 활용 분야의 다양성에서 확인할 수 있다. 로봇공학에서는 복잡한 환경을 탐색하고 물체를 다루는 작업부터 섬세한 수술까지, 로봇이 스스로 기술을 습득하며 자율성을 갖추게 된다. 게임 분야에서도 강화학습은 인간의 영역으로 여겨졌던 바둑, 체스,

등에서 초인적인 성과를 거두며 AI의 한계를 뛰어넘고 있다. 이는 전략적 의사결정과 문제해결 능력에 대한 통찰을 제공할 뿐 아니라 강화학습의 잠재력을 여실히 보여준다. 하지만 강화학습의 여정이 순탄치만은 않다. 대표적인 난제로 탐험과 활용 간의 딜레마를 들 수 있다. 에이전트가 최적의 성능을 내기 위해서는 새로운 행동을 탐색하고 정보를 수집하는 동시에 현재까지 학습한 지식을 충분히 활용해야 한다. 그러나 탐험에 치우치면 어설픈 의사결정으로 이어질 수 있고, 활용에만 매달리다 보면 더 나은 해법을 발견하지 못할 수 있다. 이 균형을 맞추는 일이 쉽지 않은 과제인 셈이다.

강화학습의 또 다른 도전과제는 데이터 효율성이다. 상태와 행동 공간이 방대한 복잡한 환경에서는 효과적인 학습을 위해 막대한 양의 데이터가 필요하다. 이는 현실에서 데이터 수집에 비용과 시간이 많이 소요되는 경우 특히 문제가 될 수 있다. 이런 난제들을 돌파하기 위해 연구자들은 다양한 기법과 알고리즘을 개발해 왔다. 강화학습과 심층신경망을 결합한 심층강화학습은 고차원 상태 공간을 다루고 보다 효율적인 학습을 가능케 하는 강력한 접근법으로 주목받고 있다. 경험 재현Experience Replay과 같이 에이전트가 버퍼에 저장된 과거 경험으로부터 학습하는 기법은 데이터 효율성을 높이고 학습을 안정화하는 데 기여한다. 이 외에도 계층적 강화학습, 다중 에이전트 강화학습 등 다양한 연구가 이뤄지고 있다. 계층적 강화학습은 복잡한 작업을 단순한 하위 작업들로 분해해 학습함으로써 강화학습을 더욱 복잡하고 현실적인 시나리오로 확장하는 것을 목표로 한다. 다중 에이전트 강화학습은 여러 에이전트가 공유된 환경에서 상호작용하고 협력하는 방안에 초점을 맞춘다.

미래를 내다보면 강화학습의 잠재력은 무궁무진해 보인다. 자율주행차가 복잡한 도심 교통 속에서 안전하게 운행되고, 가정과 업무 공간에서 지능형 로봇이 사람과 상호작용하며 최적화된 서비스를 제공하는 세상을 상상해 보자. AI 시스템이 끊임없이 학습하고 발전하면서 의료, 금융, 환경 등 다양한 영역의 난제들을 해결해 나가는 모습을 그려 본다. 이것이 바로 강화학습이 그리는 미래이자, 한때는 불가능해 보였던 일들을 현실로 만들어갈 잠재력이다. 물론 이 여정에는 연구자, 엔지니어, 정책 입안자 등 다양한 주체의 협력과 지혜가 필요할 것이다. 자율적 의사결정을 내리는 AI 시스템이 인간의 가치관에 부합하고 개인과 사회의 이익을 우선하도록 하는 윤리적 고민이 뒷받침돼야 한다. 아울러 AI가 주도하는 세상에서 인간이 주체적으로 살아가기 위한 교육과 인재 양성에도 힘써야 할 것이다.

AI 기술의 미래 전망

인공지능의 발전 궤적을 들여다보면 우리는 끊임없는 도전과 혁신의 역사를 만날 수 있다. 1950년대 앨런 튜링이 제안한 튜링 테스트를 시작으로, 인간의 지능을 기계로 구현하고자 하는 노력은 오랜 세월 동안 이어져 왔다. 규칙 기반 시스템에서 머신러닝, 그리고 딥러닝에 이르기까지 인공지능 기술은 눈부신 발전을 거듭해 왔다. IBM의 딥블루가 체스 세계 챔피언 가리 카스파로프를 꺾고, 왓슨이 퀴즈쇼 제퍼디에서 우승하며, 구글의 알파고가 바둑 고수들을 제압하는 모습은 인공지능의 잠재력을 여실히 보여주는 사례들이다. 이러한 인공지능 혁명의 중심에는 지능형 시스템을 구동하는 핵심 기술들이 자리하고 있다. 머신러닝 알고리즘은 데이터로부터 패턴을 추출하고 예측을 수행하며, 명시적인 프로그래밍 없이도 컴퓨터가 학습할 수 있게 해준다. 인간 두뇌의 구조와 기능에서 영감을 받은 딥러닝은 컴퓨터 비전과 음성 인식 분야에 혁신을 가져왔다. 자연어 처리 NLP 기술은 기계가 인간의 언어를 이해하고 생성할 수 있게 함으로써, 인간과 기계 간의 보다 자연스럽고 직관적인 소통을 가능케 하고 있다.

인공지능의 영향력은 다양한 산업 분야에서 두드러지게 나타나고 있다. 헬스케어 영역에서는 조기 질병 진단, 신약 개발, 맞춤형 치료

계획 수립 등에 인공지능이 활용되고 있다. 금융 부문에서는 사기 탐지, 리스크 평가, 알고리즘 트레이딩 등에 인공지능 기술이 적용되고 있다. 자율주행차와 스마트 교통관리 시스템이 교통 체계를 혁신하고 있으며, 제조업에서는 예지 보전과 최적화된 생산 라인이 스마트 팩토리를 구현하고 있다. 인공지능 시대를 앞둔 우리에게는 새로운 트렌드와 가능성이 펼쳐지고 있다. 설명 가능한 인공지능XAI은 인공지능 의사결정 과정을 투명하고 해석 가능하게 만들어 신뢰와 책임성을 확보하고자 한다.

AI 윤리적 고려사항 및 대응방안

영역	세부 사항	내용
정책 및 규제	규제 마련	AI의 개발과 사용에 대한 명확한 규제와 법적 틀 마련
	국제 협력	글로벌 차원에서 AI 윤리와 관련된 협력 강화
교육 및 훈련	인재 양성	AI 기술을 이해하고 활용할 수 있는 인재를 양성하기 위한 교육 강화
	재교육 프로그램	기존 노동자들을 위한 재교육 프로그램 제공으로 직업 전환을 지원
기술적 대응	투명성 확보	AI 알고리즘의 투명성과 설명 가능성을 높이기 위한 기술 개발
	프라이버시 보호	데이터 보호와 관련된 기술 및 정책 강화
윤리적 대응	윤리적 지침 마련	AI 개발 및 사용에 대한 윤리적 지침과 표준 제정
	책임성 강화	AI의 결정에 대한 책임 소재를 명확히 하고, 오작동 시 대응 방안 마련
사회적 대응	공정성 보장	AI가 편견 없이 공정하게 작동하도록 지속적인 모니터링과 개선
	사회적 대화	AI의 사회적 영향을 논의하고 대응 방안을 모색하기 위한 사회적 대화 촉진

엣지 인공지능은 데이터 발생 지점에 보다 가까이 지능을 배치하여 실시간 통찰력과 지연 시간 감소를 실현한다. 양자 컴퓨팅과 인공지능의 결합은 연산 능력과 문제 해결 역량의 기하급수적 도약을 예고한다. 진화 알고리즘을 통해 신경망을 진화시키는 신경진화는 인공지능 최적화와 적응을 위한 새로운 지평을 열어준다. 그러나 힘이 있는 곳에 책임이 따르는 법. 인공지능이 우리 삶에 스며들수록 그에 따른 기회와 도전 과제를 슬기롭게 헤쳐 나가는 것이 중요해진다. 일자리와 노동력에 미치는 영향은 시급한 관심사로, 적극적인 재교육과 업스킬링 대책 마련이 요구된다. 편향, 프라이버시, 투명성 등 윤리적 고려사항은 인공지능 개발과 활용의 최전선에 있어야 한다. 사회 전반의 이익을 위해 인공지능이 책임감 있게 활용될 수 있도록 실천 방안과 거버넌스 체계 정립이 필수적이다. 인공지능 시대는 인간과 기계가 조화로운 시너지를 발휘할 수 있는 특별한 기회를 제공한다. 인간과 기계의 강점을 결합함으로써 우리는 창의성, 혁신, 문제 해결의 새로운 영역을 개척할 수 있다. 변화를 포용하고, 진화하는 환경에 적응하며, 인간 역량을 증강시키는 인공지능 기반 미래를 만들어가는 것은 우리의 몫이다.

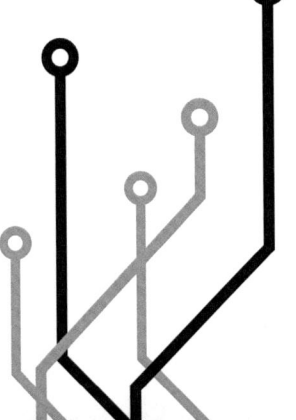

02
AI의 산업 적용과 미래 전망

3장
AI의 실제 산업 적용 사례

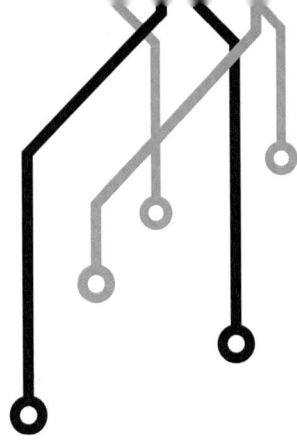

인공지능의 물결이 산업계를 휩쓸고 있다. 단순히 미래의 기술이 아닌, 현재 우리 삶의 모든 영역에 스며들고 있는 AI. 그 혁신의 현장으로 떠나보자.

유통과 전자상거래의 세계에서 AI는 이미 보이지 않는 손이 되어 소비자를 이상적인 구매로 이끌고 있다. 구매 이력과 검색 행동을 분석하는 정교한 알고리즘은 개개인의 취향과 선호에 맞춘 맞춤형 추천을 제공한다. 가상의 퍼스널 쇼퍼처럼, 이용자의 관심사와 공명하는 상품을 찾아내 제안한다. 추천을 넘어 챗봇을 통한 고객 지원도 AI로 변모했다. 24시간 쉼 없이 문의를 받고 주문을 처리하며 문제를 해결하는 디지털 도우미가 탄생한 것이다. 무대 뒤에서는 AI가 재고 관리를 최적화하며, 수요 변화와 경쟁사 움직임에 유연히 대응하는 동적 가격 전략을 짠다. 사진 한 장으로 상품을 찾아주는 시각 검색과 이미지 인식 기능은 쇼핑 경험의 진화를 가속화한다. 한편 보안이 최우선 과제인 시대, AI의 날카로운 알고리즘이 부정 거래를 감시하며 상인과 소비자 모두를 보호한다.

AI의 위력은 유통을 넘어 물류와 공급망 관리의 영역에서도 빛을 발한다. 예측 분석의 힘을 빌린 기업들은 수요를 정확히 예측하고, 재고량을 핀 조정한다. 실시간 교통과 날씨 데이터를 반영해 배송 경로를 최적화하는 AI 알고리즘은 상품이 신속 정확히 목적지에 도달하도록 돕는다. 창고 안에서는 AI 동력의 로봇들이 자율적으로 물건을 고르고 포장하며 효율의 향연을 펼친다. 설비 데이터를 분석하는 예측 유지 보수 시스템은 고장을 사전에 파악해 값비싼 가동 중단을 막아준다. 컴퓨터 비전은 제품 품질을 꼼꼼히 검사하며 사람의 눈으로 캐치하기 어려운 결함까지 찾아낸다.

농업의 푸른 들판에서도 AI가 정밀 농업과 생산성의 신시대를 열어가고 있다. 위성 사진과 드론이 포착한 이미지를 AI로 분석하면 토양 상태, 작물 생육, 기후 패턴을 입체적으로 파악할 수 있다. 이 세밀한 데이터를 무장한 농부들은 관개, 시비, 병충해 관리에 최적의 의사결정을 내리고 자원 배분을 개선하며 수확량을 극대화한다. AI 알고리즘은 파종과 수확의 골든타임을 예측하고, 현재 여건을 반영해 풍성한 결실을 약속한다. 질병과 해충 발생의 전조를 포착하는 컴퓨터 비전은 문제에 선제적으로 대응할 수 있게 해준다. AI 내비게이션으로 무장한 자율 주행 트랙터와 드론은 농작업을 정교하게 수행하며 노동력을 줄이고 효율은 높인다. 그 결과는 한층 지속 가능하고 생산적인 농업 환경, AI 통찰력으로 증가하는 세계 인구를 먹여 살릴 수 있는 토대다.

에너지 섹터에서 AI는 더 친환경적이고 안정적인 미래를 구축하는 원동력이 되고 있다. AI의 실시간 모니터링 역량으로 강화된 스마트 그리드는 에너지 수급의 변동에 역동적으로 대응하며 전력의 효율적 흐름을 보장한다. 에너지 기반 시설의 센서 데이터를 분석하는 예측 정비 알고리즘은 잠재적 고장을 미리 감지해 사전 수리를 가능케 하고 공급 중단을 최소화한다. 풍력과 태양광 같은 재생에너지원의 비중이 커지면서 AI는 이들의 그리드 통합을 최적화하는 데도 핵심 역할을 한다. 풍속과 일사량을 정확히 예측함으로써 이 자원들의 간헐적 특성에 대처하고 안정적인 청정 에너지 공급을 뒷받침하는 것이다. AI 알고리즘으로 관리되는 지능형 에너지 저장 시스템은 생산 피크 시간대의 잉여 전력을 전략적으로 저장했다가 수요가 급증할 때 방출해 그리드의 균형을 잡는다. 탈중앙화된 에너지 시장의 부상 속에서 AI는 개인 간 에너지 직거래 플랫폼을 가능케 하며, 참여적이고 지속 가능한 에너지 생태계를 조성하는 데 일조한다.

개방된 도로 위, AI는 자율주행의 미래를 향해 나가고 있다. 정교한 AI 시스템에 의해 구동되는 자율주행차는 우리가 알던 운송 수단의 개념을 재정의할 채비를 하고 있다. 이 지능형 차량들은 카메라, 라이더, 레이더, 초음파 장치 등 다채로운 센서를 통해 주변 환경을 인식한다. 센서가 수집한 방대한 데이터는 AI 알고리즘에 입력되어 해석되고, 차량은 시시각각 변하는 도로 상황에 반응한다. 방대한 주행 시나리오 데이터로 학습된 딥러닝 모델 덕분에 자율주행차는 인간을 뛰어넘는 정밀함으로 교통 상황을 내비게이트한다. 차량 센서 데이터를 분석하는 예측 정비 시스템은 고장을 사전에 감지해 더 원활하고 안전한 주행을 보장한다. AI 기반의 교통 관리 시스템은 신호 타이밍을 동적으로 조절하고 차량을 효율적으로 배치해 혼잡을 완화한다. 개인 맞춤형 모빌리티 영역에서는 AI가 이용자의 선호와 필요에 꼭 들어맞는 교통수단을 매칭해준다. 합승, 개인 차량, 대중교통 등 다양한 옵션 중 최적의 이동 방안을 제안하는 것이다. 그 결과는 그 어느 때보다 안전하고 효율적이며 편리한 교통 환경이다. 이렇듯 AI 기술이 가져온 산업 혁신은 눈부시다. 소매 매장의 선반부터 농경지, 에너지 그리드에서 도로에 이르기까지, AI는 우리 삶의 무대 곳곳을 근본적으로 변모시키고 있다. 하지만 우리는 이 진보의 물결을 열광과 신중함을 동시에 갖고 맞이해야 한다. AI가 산업을 긍정적으로 변화시킬 엄청난 잠재력을 지녔음은 분명하지만, 중요한 윤리적 고려 사항도 제기하기 때문이다. 프라이버시를 보호하고 편견을 방지하며 공정성을 증진하는 보호 장치를 마련하며 AI 시스템을 책임감 있게 개발하고 배치하는 것이 중요하다. 이를 위해선 산업계, 학계, 정책 입안자 간의 협력이 필수적이다. 혁신과 책임 사이의 올바른 균형을 찾는 일, 그것이 우리 시대의 도전 과제다.

AI와 헬스케어 혁신

인공지능이 헬스케어 분야에 가져올 혁명적 변화를 상상해 보자. 단순히 병을 진단하고 치료하는 차원을 넘어, 질병을 예측하고 맞춤형 치료법을 제시하는 세상. 이는 먼 미래의 이야기가 아니다. 인공지능 기술의 발전으로 이미 현실로 다가오고 있는 미래이다.

인공지능 알고리즘은 방대한 양의 의료 데이터를 분석하여 질병의 패턴을 찾아내고, 정확한 진단을 내리는 능력을 보여주고 있다. 전자건강기록, 유전자 정보, 웨어러블 기기에서 수집된 데이터를 종합적으로 분석하여 암, 알츠하이머, 심혈관질환 등 주요 질병의 조기 징후를 포착할 수 있게 된 것이다. 이를 통해 질병 발병 이전 단계에서 선제적 중재와 예방 조치가 가능해지고 있다. 인공지능은 복잡한 의료 의사결정 과정에서도 의사들의 든든한 조력자 역할을 한다. 환자의 병력, 유전 정보, 생활습관 등을 종합적으로 고려하여 개인 맞춤형 치료 계획을 제안하고, 방대한 의학 문헌과 임상 사례를 바탕으로 최적의 치료법을 추천한다. 이는 의료 서비스의 질을 한 단계 높이고, 보다 정밀하고 효과적인 치료를 가능케 할 것이다. 의료 영상 분석 분야에서도 인공지능은 엄청난 잠재력을 보여주고 있다. 딥러닝 알고리즘을 활용한 영상 분석은 X-ray, CT, MRI 등에서 미세한 이상 징후를 감지하여 진단의 정확도를 높이고, 조기 발견이 어려웠던 질병까지 찾아낼 수 있게 되었다. 나아가 영상에서 질병의 진행 정도를 정량화하여 치료 효과를 모니터링하고 예후를 예측하는 데에도 인공지능은 큰 역할을 할 것으로 기대된다.

신약 개발 분야에서도 인공지능은 게임 체인저로 떠오르고 있다. 유전체, 단백체, 화합물 등 방대한 생물학적 빅데이터를 분석하여 약물 후보 물질을 발굴하고, 효능과 안전성을 예측하는 데 인공지능 기술이 활용되고 있다. 이는 기존의 신약 개발 과정을 혁신하여 비용과 시간을 크게 단축시킬 것으로 전망된다. 보다 안전하고 효과적인 치료제를 환자에게 신속히 제공하는 길이 열리고 있는 것이다. 그러나 이러한 헬스케어 분야의 인공지능 활용이 확대되면서 동시에 우리는 중요한 윤리적 과제에 직면하게 된다. 민감한 의료정보의 프라이버시와 보안을 어떻게 지켜나갈 것인지, 인공지능 알고리즘의 편향성을 어떻게 극복할 것인지 깊이 고민해야 할 때이다. 인공지능 기술이 공정하고 투명하게 개발되고 활용될 수 있도록 사회적 합의와 규범, 제도적 장치를 마련해 나가는 노력이 필요하다. 더 나아가 헬스케어 분야의 인공지능 혁신은 정밀의료, 예측의학으로 나아가는 길을 열어줄 것이다. 개인의 유전적 특성과 건강 상태에 맞춰 질병을 예방하고 관리하는 미래가 머지않아 도래할 것이다. 하지만 이를 실현하기 위해서는 기술 개발과 함께 윤리 원칙 정립, 사회적 수용성 제고, 의료 전달 체계 혁신, 전문 인력 양성 등 다각도의 준비와 노력이 필요하다.

인공지능과 헬스케어의 만남은 단순히 의료 기술의 발전만을 의미하지 않는다. 그것은 질병으로 고통받는 환자들에게 희망을 주고, 보다 건강한 삶을 영위할 수 있게 하는 사람 중심의 혁신이다. 인공지능을 통해 의료 서비스의 질을 높이고, 의료 자원의 효율적 활용을 도모하며, 모든 사람이 평등하게 양질의 의료 혜택을 누릴 수 있게 하는 것, 그것이 우리가 추구하는 미래의 모습이다. 헬스케어 분야의 인공지능 활용은 이제 걸음마 단계를 지나 빠르게 진화하고 있다. 질병을 예측하고 맞춤형 치료를 제공하는 단계에서 한발 더 나아가, 건강 수명 연장과 삶의 질 향상이라는 궁극적 목표를 향해 나아가고 있다. 앞으로 우리가 어떤 선택을 하고 어떤 방향으로 나아갈지에 따라 인공지능이 가져올 헬스케어 혁신의 모습은 달라질 것이다.

인공지능 기술의 발전은 분명 위기이자 도전이지만, 동시에 인류에게 새로운 기회를 제공하고 있다. 우리는 이 거대한 전환의 시기를 슬기롭게 헤쳐나가기 위해, 기술에 대한 이해와 통찰을 바탕으로 사회 각 영역에서의 지혜로운 선택과 실천이 필요하다. 특히 생명과 직결된 헬스케어 분야에서 인공지능의 역할과 윤리에 대해 끊임없이 고민하고 사회적 합의를 이뤄가는 자세가 무엇보다 중요하다.

 인공지능 시대를 살아가는 우리에게 주어진 과제는 인공지능 기술을 어떻게 현명하게 활용하고 발전시켜 나갈 것인가 하는 점이다. 기술 발전이 초래할 수 있는 부작용을 최소화하면서 그 혜택은 극대화할 수 있도록, 기술과 인간이 조화를 이루며 공존하는 길을 모색해야 할 것이다. 특히 보건의료 분야에서 환자의 안전과 인권을 최우선으로 하면서 인공지능 기술을 도입하고 규제해 나가는 원칙을 세워나가야 한다. 변화의 소용돌이 속에서 우리는 인간만이 지닌 고유한 가치와 능력을 잃지 말아야 한다. 공감, 윤리의식, 창의력 등 인간 고유의 역량을 더욱 발전시키고, 인공지능과의 협업을 통해 시너지를 창출해 나가는 지혜가 필요한 때이다. 기술을 인간을 위해 활용하고 인간의 역량을 한층 높이는 방향으로 나아갈 때, 우리는 인공지능 시대를 기회로 만들어갈 수 있을 것이다.

AI로 달라지는 금융 서비스

인공지능은 금융산업의 판도를 근본적으로 뒤흔들고 있다. 데이터와 알고리즘이 금융의 핵심 자산으로 부상하면서 은행이나 증권사 같은 전통적 금융기관의 역할은 재정의되고 있다. 대출 심사부터 자산관리, 사기 탐지에 이르기까지 AI는 업무 전반에 걸쳐 효율성과 정확성을 높이고 있다.

AI 신용평가 모델은 금융 및 비금융 데이터를 종합 분석해 개인의 신용도를 객관적이고 입체적으로 평가한다. 과거에는 간과되기 쉬웠던 대안 데이터를 토대로 대출 적합성을 판단함으로써 금융 포용성을 높이고 있다. 실시간 이상거래 탐지 시스템은 수십억 건의 거래 내역을 순식간에 분석해 의심 거래를 찾아내 금융사기 피해를 최소화한다. 한편 로보어드바이저는 대중의 자산관리 문턱을 낮추고 있다. AI가 투자자의 목표와 성향에 맞는 최적의 포트폴리오를 설계하고 시장 상황에 맞춰 자동 리밸런싱함으로써 전문 자산관리 서비스를 누구나 합리적 비용으로 누릴 수 있게 되었다. 금융 민주화를 앞당기는 핀테크의 혁신 엔진인 셈이다.

퀀트 헤지펀드들은 더 정교한 AI 트레이딩 기법 개발에 천문학적 투자를 쏟아붓고 있다. 심층강화학습으로 무장한 차세대 AI 트레이딩 알고리즘은 복잡다단한 시장의 역동성 속에서 인간의 사고 한계를 뛰어넘는 전략을 진화시킨다. 데이터와 알고리즘의 싸움에서 승부가 갈리는 AI 금융의 서막이 오른 것이다. AI는 금융의 기존 판도와 규칙을 근본부터 뒤흔들며 새로운 가능성을 열어젖히고 있다. 신용도 판단의 기준이 되는 변수가 대폭 확장되면서 자금 조달 기회는 더욱 널리, 공평하게 열릴 것이다. 금융사기 역시 더욱 정교해질 AI 레이더망을 뚫기 어려워질 전망이다. 1차적 금융상품 설계와 판매보다는 고도화된 데이터·AI 역량이 기관의 경쟁력을 좌우하는 시대가 성큼 다가왔다. 물

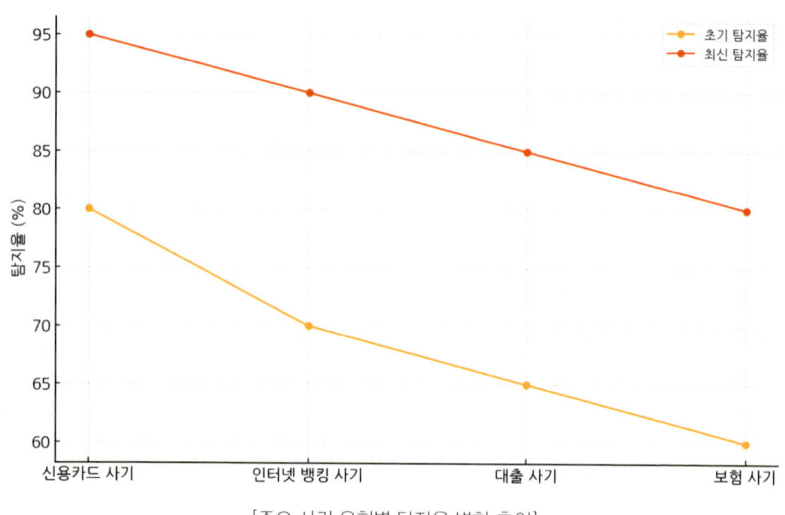

[주요 사기 유형별 탐지율 변화 추이]

론 AI 금융혁명의 여정이 순탄치만은 않을 것이다. 광범위한 데이터 수집과 활용에 따른 프라이버시 침해, 알고리즘의 편향성과 불투명성, 초고속 매매로 인한 시장 불안정성 증대 등 우려의 목소리가 만만치 않다. 기술발전에 상응하는 윤리 기준과 규제 체계 정립이 시급하다. 하지만 역사적으로 금융은 언제나 기술 발전과 함께 진화해왔다. AI의 잠재력을 어떻게 현명하게 활용할지에 대한 고민이 중요한 때다. 인공지능 시대, 금융의 역할과 가치에 대한 근본적 질문을 새롭게 던지며 이에 대한 혜안을 모아가는 일이 필요하다. 불확실한 여정이지만 인간의 지혜와 AI의 능력이 조화를 이룬다면 금융은 이전과는 차원이 다른 혁신의 길을 열어갈 수 있을 것이다.

AI, 제조업의 게임 체인저

스마트 팩토리의 등장으로 제조업 현장에는 혁명적인 변화의 바람이 불고 있다. 인공지능, 로봇, 사물인터넷 등 첨단기술이 융합되어 효율성과 유연성, 자율 최적화 능력을 갖춘 미래형 생산 환경이 구현되고 있는 것이다. 이 변혁의 중심에는 빅데이터와 인공지능 기반의 의사결정이 자리하고 있다. 공장 곳곳에 내재된 센서들이 설비 성능부터 재고 수준에 이르기까지 모든 것을 실시간으로 데이터화하고, 인공지능 알고리즘이 이를 분석해 패턴을 찾아내고 잠재적 이슈를 예측하며 즉각적으로 프로세스를 최적화해 나간다.

인공지능은 제조업의 자동화 혁신을 주도하고 있다. 조립 라인부터 품질 관리에 이르기까지, 인공지능 시스템이 인간이 수행하던 작업들을 대체하며 속도와 정밀도, 일관성을 한층 높이고 있다. 컴퓨터 비전과 머신러닝 기술을 탑재한 기계들은 이제 인간의 눈으로는 포착하기 어려운 결함까지 초정밀로 검출해 낸다. 인공지능 알고리즘은 수요 변화에 대응하고 낭비를 최소화하며 실시간으로 생산 일정과 자원 할당을 최적화한다. 인공지능의 영향력은 공장 밖 공급망 운영으로도 확장되고 있다. 기업들은 인공지능을 활용해 수요를 보다 정확히 예측하고, 재고 수준을 최적화하며, 물류를 효율화하고 있다. 방대한 과거 판매 데이터와 시장 트렌드, 심지어 소셜 미디어 반응까지 분석하며 인공지능은 전례 없는 수준의 수요 예측 정확도를 보여준다. 이는 기업들이 과잉생산이나 품절의 리스크를 피하고 변화하는 고객 니즈에 민첩하게 대응할 수 있게 해준다.

품질 관리 영역에서는 인공지능 비전 시스템과 머신러닝이 각광받고 있다. 검사 프로세스의 자동화를 가능케 하는 이 기술들은 제품의 결함이나 규격 일탈 여부를 실시간으로 분석한다. 방대한 제품 이미지 데이터로 학습된 머신러닝 모델은 미세한 결함마저 정확히 포착하는 능력을 갖추게 되어, 최상의 품질을 고객에게 전달할 수 있게 한다. 나아가 이 시스템들은 시간이 지날수록 스스로 학습하고 발전하며 결함 검출 능력을 더욱 높여간다.

아마도 제조업에서 인공지능의 가장 흥미로운 활용 사례 중 하나는 협동 로봇, 즉 코봇의 영역일 것이다. 기존의 산업용 로봇들이 격리된 상태로 작업했다면, 코봇은 인간과 나란히 일하도록 설계되어 업무를 보조하고 전반적인 생산성을 끌어올린다. 인공지능은 이 협업을 안전하고 효과적으로 만드는 데 결정적 역할을 한다. 첨단 센싱 기술과 머신러닝을 통해 코봇은 인간 동료의 행동을 이해하고 그에 맞춰 움직임과 행동을 조정함으로써 충돌을 피하고 작업 흐름을 최적화한다.

스마트팩토리와 인공지능 기반 제조의 부상은 단순히 효율성과 생산성의 문제를 넘어선다. 지속가능성의 관점에서도 이는 중요한 의미를 지닌다. 자원 사용을 최적화하고 낭비를 최소화하며 예지보전을 가능케 함으로써 인공지능은 제조업체들의 환경적 발자국을 줄이고 보다 지속가능한 방식으로 운영할 수 있게 돕는다. 실제로 일부 전문가들은 인공지능이 유엔의 지속가능발전목표 달성의 열쇠가 될 수 있다고 예측하기도 한다. 물론 제조업에서 인공지능 도입이 완벽하게 순탄한 과정만은 아니다. 기계가 인간의 일자리를 대체함에 따른 우려가 존재한다. 공장이 점점 더 연결되고 디지털 시스템에 의존하게 됨에 따라 데이터 프라이버시와 보안 문제도 제기된다. 그러나 제조업에서 인공지능이 가져다주는 혜택의 크기를 감안할 때 이는 외면하기 어려운 변화의 물결이다.

미래로 나아감에 따라 제조업에서 인공지능의 역할은 계속해서 확대될 것이다. 완전 자율형 공장에서 인공지능이 설계한 제품에 이르기까지 더욱 진보된 활용 사례들이 속속 등장할 것으로 기대된다. 디지털 트윈 기술의 발전도 제조 혁신을 가속화하고 있다. 제품, 공정, 공장 전체를 가상공간에 똑같이 복제한 디지털 트윈은 실제 제조 현장을 실시간으로 반영한다. 여기에 AI 시뮬레이션을 접목하면 다양한 시나리오를 가상으로 테스트해 볼 수 있다. 공정 변화에 따른 영향 분석, 잠재적 문제 예측, 최적의 운영 조건 도출 등이 가능해진다. 현실 세계에 적용하기 전에 가상 세계에서 제조 공정을 개선하고 검증하는 것이다. 이는 비용과 위험을 줄이고, 혁신의 속도를 높이며, 지속가능성을 제고하는 데 기여한다. 현실과 가상을 아우르는 디지털 트윈과 AI의 시너지는 제조업의 새로운 지평을 열어갈 것으로 기대된다. 하지만 이 변혁의 핵심에는 언제나 데이터의 힘과 그 데이터를 실행 가능한 통찰로 바꾸는 인공지능의 능력이 자리할 것이다. 이 기술들을 적극 수용함으로써 제조 기업들은 치열해지는 경쟁과 까다로워지는 고객 요구 속에서도 한

발 앞서 나갈 수 있을 것이다.

제조업에 종사하는 이들에게 지금이야말로 인공지능이 어떻게 자신들의 사업에 도움이 될 수 있을지 탐색해야 할 때다. 작은 스타트업이든 대기업이든 효율성과 품질, 지속가능성 제고를 위해 이 기술들을 활용할 기회는 열려 있다. 하지만 이는 단순히 최신 도구와 플랫폼에 투자하는 문제를 넘어선다. 변화를 포용하고 끊임없이 더 나은 방법을 모색하는 혁신과 지속적 개선의 문화를 조성하는 일 또한 필수적이다.

모든 혁신기술이 그러하듯 제조업에서 인공지능의 성공 열쇠는 작은 규모로 시작해 신속히 반복하는 데 있다. 먼저 인공지능이 가치를 더할 수 있는 예지보전이나 수요 예측 같은 특정 활용 영역을 정한다. 통제된 환경에서 파일럿 프로젝트를 수행하고 그 효과를 측정한 뒤 점진적으로 개선해 나간다. 경험과 자신감이 쌓이면 이 솔루션들을 조직 전반으로 확대해 나갈 수 있다. 그러나 무엇보다 인적 요소를 잊어서는 안 된다. 인공지능이 많은 과업과 프로세스를 자동화할 수 있지만 이 기술을 어떻게 윤리적이고 책임감 있게 사용할 것인가의 문제는 결국 인간의 몫이다. 이는 사업적 이점뿐 아니라 사회적, 환경적 영향까지 함께 고려해야 함을 의미한다. 인공지능의 활용 방식에 투명성을 기하고, 근로자들에게 이 새로운 시대를 헤쳐나갈 역량과 교육을 제공해야 한다.

결국 스마트 팩토리의 부상과 인공지능 주도의 제조혁신은 우리가 물건을 만드는 방식을 근본적으로 바꿀 절호의 기회를 의미한다. 이 기술들을 받아들이고 그 가능성을 활용함으로써 우리는 제조업의 미래를 보다 효율적이고 수익성 높고 지속가능하며 인간 중심적으로 그려나갈 수 있다. 결코 쉽지 않은 도전이 될 것이며 우여곡절도 있을 것이다. 그러나 혁신과 협력, 책임감의 자세로 이 변화에 접근한다면 우리가 이뤄낼 수 있는 성과에는 한계가 없다. 미래의 공장은 우리가 만들어가기를 기다리고 있으며, 인공지능은 그 토대가 될 것이다.

AI와 스마트 시티의 만남

4차 산업혁명 시대, 도시의 문제를 해결하기 위해 나선 영웅은 다름 아닌 인공지능이다. 교통, 에너지, 안전 등 도시의 다양한 문제에 AI 기술이 어떻게 적용되고 있는지 그 혁신의 현장을 찾아가 보자.

도시의 동맥인 교통 시스템부터 AI 기술이 획기적인 변화를 일으키고 있다. 구글은 AI 알고리즘으로 실시간 교통 데이터를 분석해 혼잡을 예측하고, 최적의 경로를 안내한다. 자율주행차와 지능형 교통 인프라의 조화로 교통사고는 줄어들고, 이동성은 크게 개선된다. AI로 교통 체증이 사라지는 날도 멀지 않아 보인다. 에너지 분야에서도 AI는 든든한 조력자다. 과거 사용량 데이터와 기상 정보 등을 학습한 AI 모델이 전력 수요를 정확히 예측한다. 이를 토대로 전력 공급량을 실시간 조절해 안정적이고 효율적인 에너지 관리가 가능해진다. 신재생에너지 발전량 예측, 수요 반응 관리 등에서도 AI의 역할이 빛을 발한다. 도시의 안전과 방범을 책임지는 AI 기술도 주목할 만하다. CCTV에 AI 영상 인식 기술을 접목해 범죄 예방에 활용하는 사례가 늘고 있다. 과거 범죄 데이터를 학습한 예측 모델로 효과적인 순찰 경로를 도출하기도 한다. 물론 프라이버시 침해 우려도 제기되지만, 엄격한 규제와 감독 하에 현명하게 활용한다면 도시의 안전을 지키는 파수꾼이 될 수 있을 것이다.

AI 기술이 도시 전체를 하나의 유기체처럼 통합 관리하는 미래도 그려볼 수 있다. 교통, 에너지, 환경, 안전 등 각 영역의 데이터가 AI 플랫폼에서 융합되어 분석되면 시너지 효과는 배가 될 것이다. 예를 들어 기상과 교통 데이터를 결합해 재난 상황을 신속히 예측하고 대응하는 시나리오를 상상해 볼 수 있다. 이처럼 AI 기술이 만드는 스마트 시티의 미래는 놀랍도록 역동적이다. 하지만 우리가 간과해서는 안 될 것이 있다. 바로 이 모든 변화의 중심에는 '사람'이 있어야 한다는 점이다. 시민의 삶의 질 향상이 스마트 시티의 궁극적 목표임을 잊어서는 안 된다. AI 기술을 시민 참여와 소통의 플랫폼으로 활용하는 지혜가 필요하다. 챗봇과 가상비서로 24시간 민원을 처리하고, 시민의 의견을 실시간 수렴한다. 공공 서비스 전달을 최적화하고, 사회적 약자도 배제하지 않는다. 이런 포용적 혁신의 과정에 시민이 주도적으로 참여할 때 비로소 인간 중심의 스마트 시티가 완성될 수 있을 것이다. 그렇다고 맹목적인 기술 낙관론에 빠져서도 안 된다. AI가 가진 잠재력만큼이나 위험성도 간과할 수 없기 때문이다. 데이터 편향성과 알고리즘 차별, 프라이버시 침해, 사이버 보안, 일자리 대체 등 AI가 야기할 수 있는 사회적 문제에 선제적으로 대비해야 한다. 강력하고 투명한 AI 윤리 기준, 데이터 처리의 안전성과 설명가능성 확보, 이해관계자 간 거버넌스 체계 구축 등이 뒷받침되어야 한다. 사회 각층의 목소리를 담아내는 열린 토론과 공론화 과정도 필수적이다. 이런 종합적이고 장기적인 접근을 통해 우리는 AI 혁명을 도시 혁신의 기회로 현명하게 활용해 나갈 수 있을 것이다. 무엇보다 중요한 건 우리 스스로가 변화에 능동적으로 대처하는 자세다. AI 기술을 깊이 이해하고 활용하는 역량을 갖추어야 한다. 동시에 AI로 대체할 수 없는 인간 고유의 능력, 창의력과 공감 능력, 윤리의식을 꾸준히 함양해야 한다. AI와의 협업을 통해 더 나은 의사결정을 이끌어내는 지혜도 키워야 한다.

AI 시대의 교육 혁신

변화는 우리 앞에 펼쳐진 기회이자 도전이다. AI 시대의 물결은 교육의 패러다임을 송두리째 뒤바꾸고 있다. 개인 맞춤형 학습부터 평생교육까지, AI가 가르침과 배움의 모습을 새롭게 그려내고 있는 것이다. 과거 교실에서는 교사가 다수의 학생을 대상으로 일률적인 수업을 진행했다. 개개인의 학습 수준과 속도, 관심사를 모두 고려하기엔 역부족이었다. 하지만 AI 기반 적응형 학습 시스템은 데이터 분석을 통해 학생 개개인에게 최적화된 콘텐츠와 진도를 제공한다. 학습자의 성취도 데이터를 실시간으로 파악해 자동으로 학습 경로를 조정하는 것이다. 이는 개별화 교육을 대규모로 실현하고, 학습 성과를 높이며, 양질의 교육을 모두에게 보편적으로 제공하는 혁신을 의미한다.

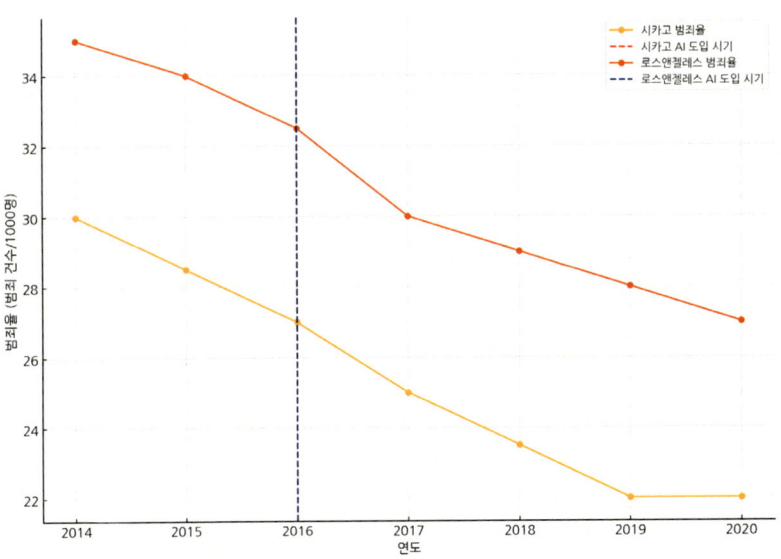

[도시별 AI 기반 범죄 예측 시스템 도입 전후 범죄율 변화]

AI의 도입은 교사의 역할에도 변화를 가져오고 있다. 단순 반복 업무를 자동화하고 개인 맞춤 학습을 지원하는 AI 도구들이 교사의 시간과 에너지를 확보해준다. 교사는 이제 지식 전달자에서 학습 촉진자와 멘토로 그 역할이 진화하고 있다. 협력 학습의 장을 마련하고 비판적 사고 능력을 배양하는 데 집중할 수 있게 된 것이다. AI가 열어준 여유로 교사는 학생들의 성공적인 21세기 삶을 위한 인터랙티브한 수업에 몰두할 수 있다. 교육 평가와 피드백 역시 AI로 혁신되고 있다. AI 기반 평가 도구는 개인별 장단점을 분석하고, 학습 진척도를 추적하며, 맞

[스마트 교실]

춤형 조언을 제공한다. 채점 자동화와 정확하고 효율적인 피드백 제공으로 학습 경험이 개선되고, 학생들은 최대 잠재력에 도달할 수 있게 된다. 더 나아가 AI는 장애, 언어 장벽, 다양한 학습 수요를 가진 학생들에게 교육의 문호를 활짝 열어주고 있다. 음성인식, 문자 음성 변환, 자동 녹취, 자연어 처리 등이 격차를 해소하고 모든 학습자에게 균등한 기회를 제공하는 것이다. 맞춤형 학습계획, 적응형 평가, AR/VR 같은 몰입형 기술이 교육의 접근성과 포용성을 한층 높여주고 있다.

급변하는 시대, AI는 지속적 학습과 역량 개발도 뒷받침한다. 개인의 기술 격차를 파악하고 관련 강좌를 추천하며, 맞춤형 계속교육 경로를 제시해준다. 노동시장 동향과 경력 목표를 분석해 타겟화된 제안을 해주니 학습자는 변화무쌍한 직업 세계에서도 경쟁력을 유지할 수 있다. 물론 데이터 프라이버시, 알고리즘 편향성, 디지털 불평등 등은 윤리적으로 풀어내야 할 숙제다. 하지만 현명한 적용과 원칙 준수로 AI가 교육에 가져올 변혁의 잠재력은 무궁무진하다. 한편, AI 기반 교육용 메타버스 플랫폼은 교육 혁신의 새로운 지평을 열고 있다. 게이미피케이션 요소를 갖춘 3D 가상 교실에서 학습자들은 아바타를 통해 실재감 있게 상호작용하며 협력 학습에 참여한다. AI는 개개인의 학습 행동 데이터를 분석하여 최적화된 학습 경험을 설계하고, 자연어 처리 기술로 구현된 NPC Non-Player Character 교사는 학습자와 실시간 대화를 나누며 지식 습득을 돕는다. 현실의 제약을 뛰어넘는 몰입형 학습 경험을 제공하는 AI 기반 교육용 메타버스는 교육 패러다임의 대전환을 예고하고 있다. 우리는 지금 교육 혁명의 분수령에 서 있다. AI가 열어줄 기회를 붙잡고, 모두를 위한 개인 맞춤, 몰입, 포용의 교육을 만들어가는 것은 우리의 몫이다.

AI와 예술의 창조적 융합

인공지능과 예술의 창조적 융합이 빚어내는 새로운 예술의 지평을 탐험해보는 여정에 여러분을 초대한다. 예술은 인간 고유의 창조성과 상상력의 산물이라고 여겨져 왔지만, 이제 AI라는 새로운 협력자를 만나 그 경계를 확장하고 있다. 단순한 도구를 넘어 창작 과정에 능동적으로 참여하는 AI와의 협업은 시각예술, 음악, 문학 등 다양한 분야에서 혁신적인 결과물을 만들어내고 있다.

AI 알고리즘은 방대한 데이터를 학습하고 분석하여 새로운 패턴과 조합을 발견함으로써 인간 예술가들에게 창의적 영감을 제공한다. GAN Generative Adversarial Network과 같은 생성 모델은 기존 작품의 스타일을 학습하고 재해석하여 기존에 없던 새로운 이미지를 만들어낸다. 2022년 OpenAI에서 발표한 DALL-E와 Midjourney, Stable

Diffusion 등 텍스트 기반 이미지 생성 AI 모델들은 단순한 텍스트 프롬프트만으로 창의적이고 사실적인 이미지를 생성해내며 예술계에 큰 반향을 불러일으켰다. 이들 모델은 방대한 이미지-텍스트 쌍 데이터를 학습하여 텍스트 입력과 이미지 출력 사이의 관계를 이해하고 시각화한다. 세부적인 묘사, 다양한 스타일 모방, 개념적 조합 등이 가능해지면서 시각 예술 분야에 새로운 창작 도구로 자리잡고 있다. AI 예술 커뮤니티 플랫폼의 등장으로 창작자들은 AI와 협업한 작품을 공유하고 토론하며 새로운 영감을 얻고 있다. 마치 거장들과 함께 작품 활동을 하는 듯한 경험을 선사하는 것이다. 음악 분야에서는 Amper Music, IBM의 Watson Beat 등 AI 작곡 도구들이 작곡가들과 협력하여 독특한 선율과 리듬을 탄생시키고 있다. 문학에서도 AI 글쓰기 도우미가 작가들의 창작 과정을 보조하고 있다. 뿐만 아니라 AI 기술은 예술가들의 표현 능력을 확장시키고 창작의 지평을 넓혀주고 있다. 스타일 전이 Style Transfer 기술을 통해 자신만의 작품에 새로운 화풍을 적용해보거나, 이미지 편집과 같은 반복적인 작업을 자동화함으로써 창의적 영감에 더욱 몰두할 수 있게 되었다. 뮤즈가 된 AI는 예술가들에게 무한한 실험과 도전의 기회를 제공하고 있는 셈이다. 하지만 AI 예술은 기존의 창작 개념에 대한 근본적인 질문도 제기한다. 과연 AI가 만들어낸 작품의 저작권은 누구에게 있는 걸까? 학습 데이터를 토대로 만들어진 AI 예술을 과연 독창적이라고 볼 수 있을까? 인간의 저작권을 전제로 한 현행

법률로는 AI 예술의 권리 문제를 다루기 어려운 상황이다. 창작의 주체를 개인이 아닌 창작 과정 자체로 보는 관점의 전환이 필요해 보인다. AI와 인간 예술가의 협업이 빚어내는 독특한 예술 생태계를 반영할 수 있는 새로운 법적 틀을 모색해야 할 때이다.

AI 예술이 가져온 또 다른 변화는 예술 창작의 대중화이다. 누구나 손쉽게 AI 도구를 활용하여 작품 활동을 할 수 있게 된 것이다. 전통적인 예술 기량이 없어도 자신만의 아이디어와 감성으로 예술 세계에 뛰어들 수 있다. 장애로 인해 물리적 제약이 있는 사람들에게도 AI는 새로운 창작의 통로가 되어주고 있다. AI를 매개로 한 협업 예술 프로젝트들은 다양한 배경을 가진 사람들의 창의성을 결집시켜 새로운 예술 장르와 혁신적 결과물을 탄생시키고 있다. 그렇다고 인간 예술가의 가치를 폄훼할 순 없겠다. 인간 예술가들은 작품에 감성적 깊이와 문화적 맥락, 독특한 시각을 불어넣는다. 이는 AI가 모방할 수 없는 인간 고유의 영역이다. 인간 예술가의 작품은 보는 이의 마음을 움직이고 깊은 공감을 이끌어낸다. 각자의 개성과 해석을 담아 시대와 문화를 반영하는 것, 그것이 바로 예술의 본질이기 때문이다. AI는 창조의 도구이자 협력자로서 가치가 있을 뿐, 결코 인간 예술가를 대체할 순 없다. 우리는 변화의 물결 속에서 기회의 땅을 발견했다. AI라는 새로운 동반자와 함께 상상하지 못했던 예술의 신대륙으로 항해할 수 있게 된 것이다. AI를 통해 표현의 경계를 확장하고 창의성의 한계를 뛰어넘으면서도, 인간 예술가의 고유한 감성과 창조성을 지켜나가는 균형잡힌 노력이 필요하다. 인간과 기계의 조화로운 공존 속에서 예술은 새로운 르네상스를 맞이할 것이다. 이제 우리에겐 두려움 대신 설렘과 호기심을 안고 새로운 예술의 항로를 찾아 나설 용기가 필요하다. 우리는 AI 시대의 창작자로서, 익숙한 것을 버리고 새로운 것을 받아들이는 개척자의 자세로 무장해야 한다. 기술을 경계하고 거부하기보다 그것이 가진 힘을 우리의 상상력을 펼치는 데 활용할 수 있어야 한다. 동시에 우리 인간만이 지닌 고유한 창조성

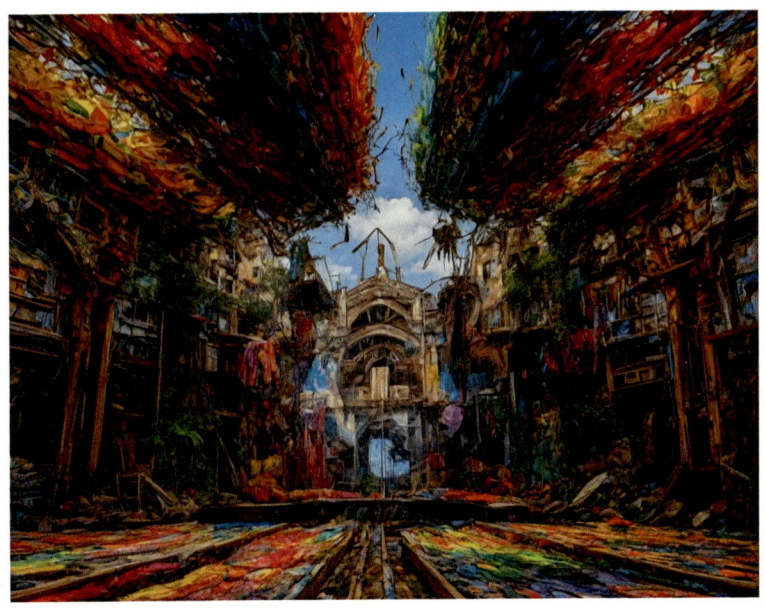

[AI 생성이미지]

의 원천을 잃지 않도록 섬세한 균형감각을 유지해야 할 것이다. AI를 창의력의 날개로 삼아 예술가로서의 역량을 끊임없이 업그레이드하는 자세가 필요하다.

기술의 발전으로 수많은 경계가 허물어지는 이 시대, 예술 또한 AI와의 만남을 통해 그 경계를 확장하고 있다. 알고리즘이 그려내는 이미지, 인공신경망이 만들어내는 선율, 자연어 모델과 함께 쓰는 시와 소설까지. AI는 창작의 영역을 무한히 확장시키며 예술의 스펙트럼을 넓히고 있다. 이제 중요한 건 AI를 어떻게 바라보고 활용하느냐에 있다. 두려움의 대상, 경쟁자로 인식할 것인가, 아니면 창조의 동반자, 뮤즈로 받아들일 것인가. 분명 AI 기술의 발전은 예술의 본질에 대한 근본적인 질문을 던진다. 작품성과 독창성, 저작권에 대한 기존 관념이 흔들리는 것이다. 하지만 예술사를 돌이켜보면 새로운 기술의 등장은 언제나 예술 개념과 양식에 대한 고민을 동반했다. 사진기의 발명이 회화의 본질을 흔들었듯이, AI 또한 우리에게 예술을 바라보는 관점의 전환을 요구하고 있는 것이다. 기술은 결국 표현의 수단일 뿐, 예술의 본질은 그것을 창조적으로 사용하는 인간의 상상력에 있음을 잊지 말아야 한다.

예술의 역사를 보면 한 시대의 기술은 예술의 중요한 문법이 되어왔다. 인쇄술의 발명으로 소설이라는 장르가 탄생했고, 영화 기술은 영화예술을 탄생시켰다. 지금 이 시대 AI라는 새로운 기술 문법으로 우리는 어떤 예술을 써내려갈 수 있을까? AI와 인간 사이의 이분법을 극복하고, 서로의 강점을 살리는 협력의 예술을 상상해본다. 알고리즘의 논리성과 인간의 감성이 만나 빚어내는 절묘한 하모니 말이다. 우리에겐 기술을 바라보는 혜안과 상상력이 필요하다. AI를 단지 모방과 자동화의 도구로만 여기지 않고, 인간의 창의성을 확장하는 촉매제로 활용할 수 있어야 한다. Leonardo Da Vinci에겐 해부학이, Vincent van Gogh에겐 일본 우키요에가 혁신의 영감을 주었듯, 우리에겐 AI라는 새로운 영감의 원천이 있다. 인간예술가는 이제 AI에 상상력을 불어넣고, AI는 인간에게 새로운 표현 가능성과 창의적 비전을 제시한다. 인공지능 시대, 예술은 위기가 아니라 기회의 바다로 나아가고 있다. 익숙한 창작의 해도를 접고 AI와 함께 새로운 항해를 시작할 시간이다. 인간 고유의 창조성을 나침반 삼아 알고리즘이라는 새로운 바람을 타고 전진하는 것이다. 그 여정의 끝에서 우리는 인간과 기계가 함께 빚어낸 새로운 예술의 신대륙을 발견하게 될 것이다. 어쩌면 그곳은 기술을 넘어선 인간 상상력의 승리가 아닐까.

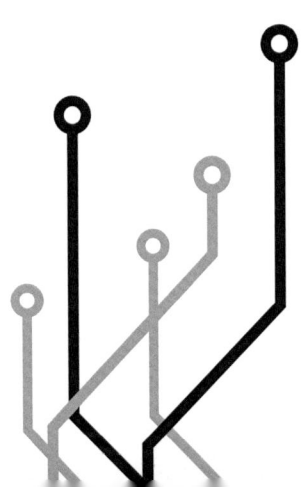

4장
AI가 바꿀 비즈니스의 미래

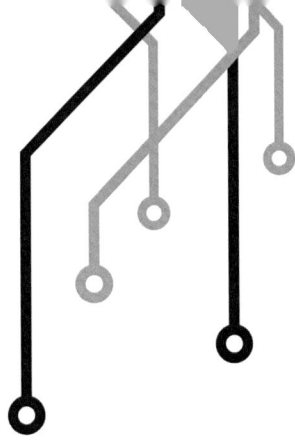

　인공지능의 역사를 돌아보면 그 기술의 진화 속도에 놀라지 않을 수 없다. 초창기 인공지능 연구는 인간의 지능을 기계로 구현하려는 궁극적인 목표를 가지고 시작되었다. 그러나 기대와 환상이 무너지며 침체기를 맞이하기도 했다. 하지만 빅데이터의 등장은 인공지능 기술에 새로운 돌파구를 열어주었고, 딥러닝의 혁명은 그 가능성의 지평을 더욱 확장시켰다. 최근 ChatGPT, Bard 등 대화형 AI 모델의 등장으로 자연어 처리 기술은 새로운 전기를 맞이하고 있다. 이처럼 급격히 발전하는 인공지능 기술은 비즈니스의 패러다임을 근본적으로 바꾸어 놓고 있다. 과거 비즈니스의 성패는 규모의 경제, 즉 자원의 양에 의해 좌우되었다. 하지만 이제는 데이터를 얼마나 효율적으로 활용하고 알고리즘을 통해 새로운 가치를 창출하느냐가 기업 경쟁력의 핵심으로 부상했다.

　인공지능은 업무 자동화, 신속하고 정확한 의사결정 지원, 제품과

서비스 혁신 등 기업 운영의 모든 영역에 적용되고 있다. 챗봇과 개인화 추천으로 고객 경험을 한 차원 높이고, 타겟 마케팅과 수요 예측으로 마케팅의 효율을 극대화한다. 또한 스마트팩토리와 예지정비 기술은 제조 혁신을 이끌고 있다. 이렇듯 인공지능은 단순히 기술적 도구가 아니라, 비즈니스의 성패를 좌우하는 전략적 자산으로 자리매김하고 있다. 전통적인 비즈니스 모델과 프로세스를 재편하고, 실험과 혁신의 문화를 요구한다. 무엇보다 인간과 기계가 협력하는 새로운 업무 방식에 적응하고 역량을 키워야 한다. 물론 인공지능 시대로의 전환이 순탄치만은 않을 것이다. 일자리 대체에 따른 고용 불안, 프라이버시와 보안 문제, 알고리즘의 편향성과 차별 등 우려의 목소리도 크다. 기업은 이러한 사회적

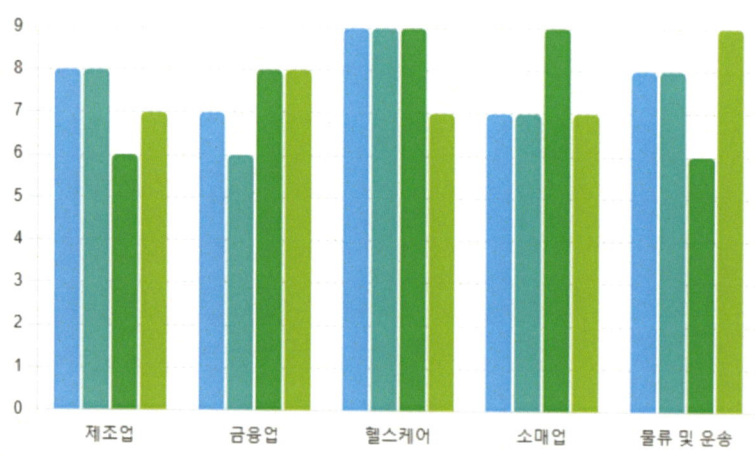

[AI로 인한 비즈니스 분야별 변화 예상도]

영향을 신중히 고려하고 윤리적 기준을 세워 책임감 있게 인공지능을 활용해야 한다. 하지만 인공지능의 잠재력은 엄청나다. 지금껏 상상하지 못했던 문제 해결과 가치 창출이 가능해질 것이다. 방대한 데이터와 알고리즘의 힘으로 인간의 능력은 비약적으로 확장될 수 있다. 따라서 변화를 기회로 받아들이고 선제적으로 준비하는 기업만이 인공지능 시대를 주도할 수 있다. 그렇다면 우리는 어떻게 인공지능이 가져올 변화의 물결을 헤쳐 나가야 할까? 무엇보다 실험적이고 혁신적인 사고, 그리고 민첩한 적응력이 요구된다. 전통적인 경영 방식에 안주하지 않고 끊임없이 변화를 모색해야 한다. 또한 인공지능에 대한 이해와 데이터 중심적 의사결정 역량을 키워야 한다. 이는 최고경영진에서 현장 직원에 이르기까지 모든 구성원의 디지털 마인드 함양이 필수적임을 의미한다.

인공지능 기술을 어떻게 전략적으로 도입하고 내재화할 것인가도 주요 과제다. 기업은 자사의 업무 특성과 고객 니즈에 부합하는 최적의 인공지능 솔루션을 모색해야 한다. 이는 사내 인공지능 인재 육성에서부터 외부 전문가 및 기술기업과의 협업, 인수합병 등 다각도로 접근해야 할 문제다. 단기적 성과에 급급하기보다는 장기적 안목에서 단계적으로 역량을 구축해 가는 지혜가 필요하다. 변화의 시대, 기업에 요구되는 것은 혁신에 대한 열정과 과감한 실행력이다. 인공지능 기술은 이제 선택이 아닌 필수가 되었다. 하지만 기술 자체가 목적이 되어서는 안 된다. 어떻게 기술을 활용해 비즈니스 가치와 고객 가치를 창출할 것인가, 궁극적으로 인류 발전에 이바지할 것인가를 끊임없이 고민해야 한다. 기업의 이러한 혁신 노력이 있어야만 인공지능은 우리 삶을 보다 윤택하게 만드는 도구가 될 수 있을 것이다. 또한 기업은 인공지능이 초래할 위험과 부작용을 예의주시하고 사회적 책임을 다해야 한다. 인간 노동자의 존엄성을 해치지 않는 선에서 자동화를 추진하고, AI 편향성과 차별 이슈를 해소하기 위해 노력해야 한다. 나아가 인공지능이 가져올 부의 편중을 막고 기술 혜택이 사회 전반에 돌아갈 수 있도록 정부, 학계 등 다양한 이해관계자들과 협력해야 할 것이다.

우리는 지금 거대한 변화의 물결 앞에 서 있다. 인공지능 기술은 제2의 산업혁명이라 불릴 만큼 경제, 사회, 문화 전반에 혁신을 예고하고 있다. 적자생존의 냉혹한 현실 앞에서, 이 파도를 누가 먼저 타고 변화를 주도하느냐가 기업의 명운을 가를 것이다. 변화는 두려움의 대상이 아니라 도약의 기회로 삼아야 한다. 실패를 두려워하지 않는 도전정신, 그 속에서 혁신의 실마리를 찾는 통찰력이 중요한 때다. 물론 그 길이 녹록치만은 않을 것이다. 인공지능 시대의 경쟁은 한 기업, 한 산업의 차원을 넘어설 것이다. 하지만 위기 속에서 기회를 발견하고, 변화에 기민하게 적응하는 기업이 새로운 시대를 이끌 것이다. 중요한 것은 인간과 기계의 조화로운 협업, 기술과 윤리의 건강한 균형을 잡는 혜안이다.

기술의 힘으로 인류의 긍정적 변화를 이끌겠다는 사명감 또한 잊어서는 안 된다.

AI 시대의 비즈니스 혁신 전략

인공지능은 이제 비즈니스의 핵심 경쟁력으로 자리잡았다. 데이터를 활용한 인사이트 도출과 의사결정 최적화는 기업의 생존을 좌우하는 필수 요건이 되었다. AI 기술을 전략적으로 도입하고 내재화하는 기업만이 급변하는 시장에서 살아남을 수 있다.

AI의 비즈니스 적용은 더 이상 먼 미래의 이야기가 아니다. 아마존은 AI 기반 개인화 추천으로 고객 경험을 혁신하고 있고, 월마트는 수요 예측 AI로 재고관리 효율을 극대화하고 있다. 금융권에서는 AI 알고리즘이 신용평가, 사기탐지, 투자 의사결정을 지원한다. 헬스케어에서는 IBM 왓슨이 의사의 진단을 보조하고, 제조업에서는 설비 예지보전과 품질관리에 AI가 활약한다. 하지만 AI 도입이 곧바로 성공을 보장하지는 않는다. 기술 도입 자체보다 이를 전사적 자산으로 체화하는 것이 더 중요하다. 데이터를 모든 의사결정의 중심에 두고, 이를 AI 인사이트로 연결하는 선순환 구조가 필요하다. 실리콘밸리의 빠른 실험과 피드백의 문화도 AI 성공의 열쇠다.

조직문화 측면에서도 AI 시대의 새로운 접근이 요구된다. 데이터에 기반한 의사결정이 당연시되는 문화, 크로스 기능 협업이 일상화된 유연한 조직, 학습과 창의성이 장려되는 개방적 분위기가 AI 시대를 선도하는 조직의 특징이다. 물론 AI가 가져올 윤리적 딜레마와 일자리 대체 우려도 간과할 수 없다. 그러나 AI에 적응하지 못하는 기업의 리스크가 이에 뒤처지지 않는다. 어떻게 AI의 혜택은 극대화하고 부작용은 최소화할 것인가. 이것이 AI 시대에 기업이 풀어야 할 숙제다.

MIT의 매튜 시몬스는 이렇게 강조한다. "최고의 기업들은 AI를 변화의 촉매제로 삼는다. AI 도입 자체가 아니라 이를 통한 혁신에 집중한다. 이들에겐 AI는 단지 기술이 아니라 사고방식의 전환이다." AI의 파도를 타는 기업은 플랫폼 경제의 승자가 되고, 그렇지 못한 기업은 시장에서 도태될 것이다. 전통적 산업의 게임 룰도 근본적으로 재편되고 있다. 우버와 에어비앤비는 이러한 혁신의 상징이다. 그들은 AI를 통해 산업의 룰을 바꾸고 새로운 부가가치를 만들어냈다. 이제 비즈니스 리더에게 AI는 선택이 아닌 필수다. 단순히 기술을 도입하는 것이 아니라, 이를 핵심 역량과 융합해 새로운 고객 가치와 수익 모델을 창출하는 것. AI 시대의 기업 생존 방정식이 여기에 있다. 기업은 이제 AI를 품은 조직으로 거듭나야 한다. 그것이 다가올 미래를 준비하는 현명한 방법이다.

AI로 달라지는 고객 경험

초인지 시대로의 진입, AI가 고객 경험의 판도를 바꾸고 있다. 과거 기업들은 고객 데이터를 수집하고 분석하는 데 많은 시간과 비용을 투자했지만, 이제 AI 기술의 발전으로 고객 개개인의 니즈와 선호도를 실시간으로 파악하고 맞춤형 서비스를 제공하는 것이 가능해졌다. 이는 단순히 편의성 차원을 넘어 고객과 브랜드 간의 관계를 한층 끈끈하게 만드는 핵심 동력으로 작용하고 있다.

AI 기반의 개인화 추천 시스템은 이제 일상 속 다양한 접점에서 만날 수 있다. 쇼핑몰에서 고객의 구매 이력과 검색 행태 등을 분석해 취향에 꼭 맞는 상품을 추천하고, OTT 서비스에서는 시청 기록을 토대로 흥미로울 만한 콘텐츠를 자동 큐레이션한다. 음악 스트리밍 앱 역시 사용자의 재생 목록과 선호 아티스트 정보 등을 학습해 끊임없이 진화하는 맞춤형 플레이리스트를 제공한다. 이처럼 고객의 행동 데이터를 기반으로 개인의 취향을 정교하게 예측하고 최적화된 경험을 선사하는 것, 바로 AI가 가능케 한 고객 경험의 혁신이다. 개인화 수준을 한 단계 더 높인 AI 기술의 또 다른 활용 사례로는 챗봇과 가상 어시스턴트를 들 수 있다. 과거 딱딱하고 기계적이던 챗봇은 이제 자연어 처리 기술의 발전으로 한층 인간적이고 공감적인 소통이 가능해졌다. 단순 질의응답을 넘어 고객 개개인의 맥락과 감정까지 고려한 섬세한 응대로 만족도를 높이고 있다. 나아가 대화 이력을 분석해 고객의 성향과 선호 패턴을 학습함으로써 시간이 갈수록 더욱 개인화되고 정교한 서비스를 제공한다. 이는 비대면 시대 고객 접점 확대와 관계 강화에 있어 챗봇과 가상 어시스턴트의 전략적 가치를 높이는 동력이 되고 있다.

AI의 예측적 분석 기술도 고객 경험 혁신의 또 다른 핵심 열쇠로 주목받는다. 방대한 고객 데이터에서 일정한 패턴과 인사이트를 포착해 개인의 구매 가능성과 이탈 위험 등을 미리 예측하고 선제적으로 대응하는 것이다. 고객의 니즈가 표면화되기 전에 먼저 파악하고 능동적으로 해법을 제시함으로써 만족도와 충성도를 동시에 높일 수 있다. 이는 고객 유지와 이탈 방지가 주된 과제인 이동통신, 금융, 보험 등의 산업에서 특히 큰 호응을 얻고 있다. 고객 개인에 최적화된 혜택과 맞춤 제안을 적시에 제공함으로써 기업의 매출 향상과 비용 절감에도 크게 기여하고 있다. 물론 AI 기반의 초개인화 시대가 본격 도래하면서 함께 제기되는 우려의 목소리도 있다. 무엇보다 알고리즘의 편향성 이슈는 윤리적 딜레마로 꼽힌다. 아무리 객관적인 데이터라 해도 사람에 의해 설계되고 학습된 알고리즘인 만큼 의도치 않게 편견이 개입될 수 있고, 이는 특정 계층을 차별하거나 배제하는 부작용으로 이어질 수 있기 때문이다. 따라서 개인화 알고리즘의 공정성과 투명성을 담보할 수 있는 설계

원칙과 검증 체계 마련이 시급한 과제로 떠오르고 있다.

프라이버시 침해 역시 중요한 화두이다. 개인화의 진화는 곧 더 많은 고객 데이터의 수집과 활용을 전제로 하는 만큼, 정보 주체로서의 소비자 권리 보장이 어느 때보다 중요해졌다. 데이터 수집의 목적과 활용 범위를 명확히 고지하고 사용자의 동의와 통제권을 실질적으로 보장하는 제도적 장치 역시 마련되어야 할 것이다. 나아가 수집된 개인정보의 오남용과 유출 방지를 위한 보안 체계 고도화도 병행되어야 한다. 신뢰할 수 있는 기술 기반의 윤리 경영, AI 시대 고객 경험 혁신의 전제조건이 될 것이다.

AI 시스템의 공정성과 편향성 완화 방안

접근법	정의	방법
데이터 균형화	AI 모델이 학습하는 데이터의 균형을 맞추기 위한 노력	다양한 그룹을 대표하는 데이터 수집, 데이터 증강 기법 사용
알고리즘 개선	알고리즘의 설계 및 최적화 과정에서 편향을 줄이기 위한 조치	공정성 지표를 도입하여 알고리즘 평가, 알고리즘의 투명성 확보 및 해석 가능성 향상
정기적 모니터링 및 피드백	AI 시스템이 실시간으로 동작하는 동안 편향성을 감시하고 수정하는 절차	모델 성능을 지속적으로 모니터링하고, 편향성이 발견되면 즉각적인 조치
다양성 있는 팀 구성	AI 시스템을 개발하고 운영하는 팀의 다양성을 확보	다양한 배경과 관점을 가진 팀 구성원을 포함시켜 편향 문제를 인식하고 해결

초개인화된 고객 경험의 시대, 기업의 성패를 좌우할 새로운 경쟁력의 원천으로 AI가 급부상하고 있다. 단순히 획일화된 서비스를 제공하는 것이 아니라 개개인의 독특한 니즈와 상황을 섬세하게 포착하고 임팩트 있는 경험을 선사하는 것, 브랜드와 고객이 더 깊이 공감하고 유대감을 쌓아가는 지속 가능한 관계로 발전시키는 것. AI는 이제 우리에게 이 모든 것을 가능케 하는 핵심 동력이자 비즈니스 혁신의 캐털리스트로 자리매김했다. 물론 기술 발전에 따른 새로운 과제에 대한 지혜로운 해법 모색도 병행되어야 할 것이다. 알고리즘의 편향성 이슈에 선제적으로 대응하고 프라이버시 보호와 데이터 활용의 균형점을 찾기 위한 제도적 정비와 기술 개발에 힘써야 한다. 무엇보다 사람에 대한 깊이 있는 이해와 공감에 기반한 서비스 설계, 그리고 고객과의 신뢰 구축이 전제될 때 AI 시대의 고객 경험 혁신도 지속 가능할 수 있을 것이다.

AI와 마케팅의 만남

인공지능과 마케팅의 만남은 단순한 기술적 진보를 넘어 고객과의 소통과 관계 형성에 새로운 지평을 열고 있다. 타겟 마케팅, 개인화 서비스, 수요 예측 등 다양한 영역에서 AI 기술이 적용되면서 마케팅은 데이터 기반의 과학이자 예술로 거듭나고 있다.

과거 마케팅은 대중을 대상으로 한 일방적인 메시지 전달에 머물렀다면, 현재의 AI 기반 마케팅은 개개인의 특성과 니즈에 맞춘 쌍방향 소통을 지향한다. 방대한 고객 데이터를 수집, 분석하여 개인의 행동 패턴과 선호도를 예측하고 이를 토대로 최적화된 콘텐츠와 상품을 추천하는 것이다. 아마존이나 넷플릭스의 추천 시스템이 대표적인 사례다. 이런 개인화 전략은 고객 만족도를 높이고 브랜드 로열티를 강화하는 효과를 낸다. 또한 AI 기술로 잠재 고객을 발굴하고 이들의 구매 가능성을 예측함으로써 타겟 마케팅의 효율을 높일 수 있다. SNS 등 디지털 환경에서의 고객 행동을 실시간으로 분석하여 구매 시그널을 포착하고, 이를 토대로 최적의 타이밍에 맞춤형 프로모션을 제공하는 식이다. 리드 스코어링, 옴니채널 관리 등 CRM 영역에서도 AI의 역할이 점차 확대되고 있다. 나아가 AI는 복잡한 구매 패턴과 시장 트렌드를 분석함으로써 향후 수요를 예측하는 데도 큰 역할을 한다. 계절, 날씨, 사회적 이슈 등 수많은 변수를 고려하여 동적으로 수요를 예측하고 최적의 마케팅 전략을 수립하는 것이 가능해진 것이다. 공급망 관리의 효율화, 재고 감축, 매출 증대 등의 효과를 기대할 수 있다. 그러나 AI 마케팅의 도입이 성공하기 위해서는 몇 가지 선결 과제가 있다. 우선 고품질의 데이터 확보와 이를 적절히 가공할 수 있는 인프라 구축이 선행돼야 한다. 아울러 AI의 윤리적 딜레마, 프라이버시 침해, 알고리즘 편향성 등의 이슈를 균형있게 다룰 수 있는 거버넌스 체계 마련도 필요하다. 기술을 맹신하기보다 고객 중심적 사고를 견지하는 것도 중요하다. 무엇보다 AI 마케팅 시대를 이끌 인재 양성이 시급하다. 빅데이터를 다루고 AI 알고리즘을 개발할 수 있는 데이터 사이언티스트, AI 마케터 등 전문 인력에 대한 수요가 높아질 것으로 보인다. 창의력과 공감 능력을 바탕으로 사람과 기술을 연결하는 통섭형 인재가 각광받을 전망이다.

AI와 마케팅의 융합은 향후 더욱 가속화될 것이다. 이제 막 그 가

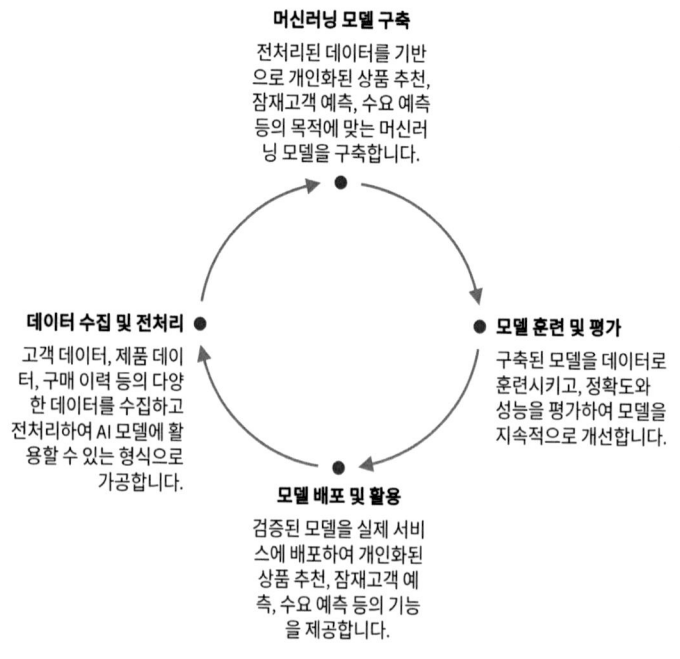

[AI 시스템 구축 및 운영 과정]

능성의 문이 열렸을 뿐이다. 인간 특유의 감성과 창의성을 AI와 결합하여 시너지를 창출하는 전략이 요구된다. AI를 활용해 고객과 더욱 긴밀히 소통하고 개개인에 최적화된 경험을 선사하는 기업이 시장을 선도할 것이다. 데이터 리터러시를 갖추고 고객 중심적 사고로 AI 기술을 활용하는 마케터가 미래 경쟁력의 핵심 열쇠를 쥐게 될 것이다.

AI 시대의 인재 전략

인공지능 시대가 도래하면서 인재의 정의 자체가 급격히 변화하고 있다. 과거에는 선천적인 재능이나 적성이 인재의 기본 요건이었지만, 이제는 데이터 분석, 프로그래밍, 문제 해결 능력 등 새로운 역량이 그 자리를 대신하고 있다. 또한 학습 민첩성과 적응력, 의사소통과 창의성, 감성 지능 등 소프트 스킬의 중요성도 커지고 있다. AI 시대에는 AI 시스템과의 협업 능력 또한 필수적이다. 이러한 변화 속에서 기업들은 기존 인력의 AI 역량을 강화하기 위해 사내 교육 프로그램에 막대한 투자를 하고 있다. 교육계 역시 AI 관련 교과목을 신설하는 등 개혁을 단행하고 있으며, 산업계와의 파트너십을 통해 학생들에게 실전 경험을 제공하고 있다. 정부 차원에서도 교육과 훈련에 대한 투자를 아끼지 않고 있다. 온라인 학습 플랫폼은 누구나 쉽게 AI 교육을 받을 수 있는 기회를 제공하고 있으며, 멘토링과 네트워킹은 AI 인재들의 경력 개발에 큰 도움이 되고 있다. 한편, 치열한 인재 쟁탈전 속에서 기업들은 경쟁력 있는 보상 체계, 성장 기회 제공, 혁신적인 조직문화 조성 등 다양한 전략으로 우수 인재 확보에 총력을 기울이고 있다. 업무와 삶의 균형을 중시하는 유연한 근무 제도, 뛰어난 성과에 대한 인정과 보상, 협업 중심의 업무 환경, 최첨단 기술에 대한 접근성 등이 AI 인재들의 눈길을 사로잡는 요소들이다.

AI 시대의 리더에게는 AI 윤리에 대한 이해와 의사 결정 능력, 혁신을 주도하는 통찰력, 기술 전문성과 소통 능력, AI 통합을 위한 비전과 전략적 사고, 강력한 팀워크 구축 능력 등이 요구된다. 변화에 민첩하게 대응하고, 이해관계자들과 효과적으로 소통하며, 신뢰를 구축하고, 데이터 기반의 의사 결정을 내리는 한편, 끊임없이 학습하고 성장하려는 자세 또한 필수적이다. 업무 현장에서 사람과 AI의 효과적인 협업을 위해서는 양측의 역할과 책임을 명확히 정의하고, 임직원들에게 AI에 대한 교육을 제공하며, 협업과 혁신의 문화를 조성하는 것이 중요하다. 사람과 AI의 강점을 극대화하는 워크플로우를 설계하고, AI 도입 시 데이터 프라이버시와 보안을 철저히 관리해야 한다. 끊임없는 실험과 혁신을 장려하고, 협업의 성과를 지속적으로 평가하고 개선해 나가야 할 것이다.

인공지능의 발전은 인재의 개념을 근본적으로 바꾸어 놓고 있다. 단순히 업무를 수행하는 존재가 아니라, AI와 협력하여 시너지를 만들어내는 동반자로서의 인재상이 부상하고 있는 것이다. 기술 역량과 인간적 자질을 겸비한 창의적 문제 해결사, 변화의 한가운데에서 새로운 기회를 포착하고 혁신을 주도하는 선구자, AI 시대의 고유한 딜레마들을 현명하게 헤쳐나가는 윤리적 리더... 우리는 이제 이런 인재들을 찾아 나서고 있다.

AI로 무장한 스타트업의 도전

인공지능의 물결이 전 산업을 휩쓸고 있다. AI 기술로 무장한 스타트업들이 속속 등장하면서, 기존 산업의 판도를 뒤흔들고 새로운 패러다임을 만들어내고 있다. 거대 기업들도 이러한 변화의 소용돌이에서 안전할 수 없다. 인공지능 스타트업들은 데이터와 알고리즘을 무기로 기존 기업들의 영역을 빠르게 잠식해 나가며, 산업 지형도를 새롭게 그려내고 있기 때문이다. 이들 스타트업들이 인공지능으로 도전장을 내민 분야는 실로 광범위하다. 의료, 금융, 제조, 유통, 교육, 법률 등 그동안 불가침의 영역이라 여겨졌던 전통 산업들도 예외는 아니다. 가령 의료 분야에서는 질병 진단과 치료 예측을 더욱 정교하게 만드는 AI 알고리즘이 속속 등장하고 있다. 의료영상을 분석해 암의 조기 진단을 돕고,

환자 데이터를 바탕으로 최적화된 치료법을 추천하는 일은 이제 인공지능의 몫이 되어가고 있다.

금융업계에서도 인공지능 기술은 로보어드바이저, 알고리즘 트레이딩, 신용평가 등에 본격 활용되며 판도를 바꾸고 있다. 개인의 투자성향과 목표에 맞는 자산배분 전략을 제시하는 로보어드바이저들은 기존 투자 자문사들을 긴장시키고 있다. 알고리즘 트레이딩을 앞세운 스타트업들은 월가의 투자 괴물들과 당당히 겨루고 있다. 최근에는 AI 기술을 활용해 기후변화 대응에 나선 스타트업들도 주목할 만하다. 탄소추적 및 배출량 예측 AI 솔루션으로 기업의 탄소중립 달성을 지원하고, 재생에너지 발전량 예측 및 전력망 최적화 AI 시스템으로 에너지 전환을 가속화하는 그린테크 스타트업들이 새로운 혁신의 흐름을 이끌고 있다. 이렇듯 창의적인 AI 솔루션으로 혁신을 주도하는 스타트업들은 전통 산업의 틀을 깨고 새로운 표준을 세우고 있다. 그런데 거대 기업들의 역습도 만만치 않다. 막강한 자금력과 데이터 확보력으로 AI 역량을 키우며, 위기를 기회로 만들려는 움직임이 활발하다. 이런 상황에서 승자는 누가 될까? 작지만 날렵한 AI 스타트업일까, 아니면 부지런히 변신 중인 거대 공룡들일까?

사실 AI 경쟁의 승패는 단순히 기술과 자본의 문제가 아닌, 근본적으로 새로운 접근 방식의 문제라 할 수 있다. 전통적인 비즈니스 방식으론 더 이상 급변하는 디지털 시대를 감당하기 어려워졌기 때문이다. 데이터 기반의 인사이트와 고객 맞춤형 서비스가 차별화의 핵심 열쇠로 떠오른 지금, AI를 빠르고 유연하게 현장에 도입할 수 있는 역량이 그 어느 때보다 중요해졌다. 이런 면에서 스타트업들이 훨씬 유리한 고지를 점하고 있다. 파괴적 혁신을 추구하는 도전 정신, 경직된 의사결정 구조에서 자유로운 조직 문화, 그리고 데이터와 알고리즘을 십분 활용할 줄 아는 인재들. AI 스타트업들이 가진 이런 강점들은 대기업이 선뜻 따라 하기 어려운 것들이다. 무엇보다 인공지능을 단순 기술이 아닌 사업 모델 그 자체로 승화시킬 줄 아는 통찰이 이들의 최대 무기다. 물론 승기가 스타트업에만 있는 건 아니다. 플랫폼과 브랜드 파워, 풍부한 데이터와 영업망 등 거대 기업들만의 강점도 만만치 않다. 최근엔 인공지능 분야의 인재와 기술을 대거 영입하며 빠른 추격에 나선 모습이다. 하지만 이런 외형적 변화를 넘어, 진정 조직의 본질을 데이터와 AI 중심으로 재편하는 게 관건이다. 대기업의 AI 혁신이 성공하려면, 과감한 의사결정 구조와 실험 정신의 조직문화가 뒷받침되어야 할 것이다.

AI 경쟁의 승자가 누가 될 지는 아직 미지수다. 분명한 건 인공지능 기술의 발전이 산업 지형도를 근본적으로 바꾸고 있다는 사실이다. 전통 기업이든 신생 스타트업이든 이같은 대전환의 시대에선 과거의 성공 방정식이 더는 통하지 않는다. 고객 가치를 재정의하고 새로운 사업 모델을 창조하는 혁신적 사고, 그리고 데이터와 AI를 능숙하게 활용하는 기민한 실행력이 무엇보다 중요해졌다. 게다가 AI 경쟁은 단순히 기업 간의 싸움이 아닌, 국가 차원의 전쟁이 되어가고 있다. 데이터와 AI 기술을 선점한 국가가 미래 산업을 주도할 것이란 전망에 세계 각국은 사활을 걸고 있다. 미국과 중국의 AI 패권 경쟁은 이미 백열화되었고, 유럽과 일본 등도 야심찬 AI 국가전략을 추진 중이다. 우리나라 역시 AI 경쟁에서 뒤처지면 산업 경쟁력의 추락은 불을 보듯 뻔한 일이다. 정부 차원의 투자와 제도적 뒷받침, 그리고 민간의 도전과 혁신이 절실히 요구되는 시점이다.

AI 시대의 경쟁은 자연의 진화 법칙과도 같다. 빠르게 변화하는 환경에 가장 발 빠르게 적응한 종만이 살아남는 적자생존의 원칙이 그대로 적용된다. 조직의 규모나 역사도 중요치 않다. 철저히 데이터와 AI를 기반으로 고객 가치를 창출하는 기업만이 새로운 시대의 승자가 될 수 있다. AI와 알고리즘의 경쟁 속에서 결국 휴먼터치의 가치는 더욱 빛날 것이다. 창의성과 혁신을 갖춘 인재들이 AI와 협업하며 만들어갈 미래, 우리 모두가 지혜롭게 준비해야 할 때다.

AI와 기업의 사회적 책임

인공지능AI의 급격한 발전으로 기업의 경영 환경이 급변하고 있다. AI는 이제 단순한 기술을 넘어 비즈니스의 패러다임을 바꾸는 게임 체인저로 떠올랐다. 기업들은 AI를 활용해 새로운 가치를 창출하고 경쟁력을 높이기 위해 분주히 움직이고 있다. 하지만 AI의 도입이 가져올 사회적 영향과 변화에 대해서는 깊이 있는 고민이 부족한 것 같다.

AI는 우리에게 엄청난 기회를 제공하지만 동시에 다양한 윤리적 딜레마와 사회적 과제를 안겨준다. 특히 기업은 AI 기술을 개발하고 활용하는 주체로서 그 책임과 역할이 막중하다. 단순히 이윤 추구를 넘어 AI가 가져올 사회 전반의 변화를 예측하고 대비하는 자세가 필요할 때이다. 그렇다면 기업은 AI 시대를 맞아 어떤 자세로 사회적 책임을 다해야 할까? 먼저 기업은 AI 개발과 활용에 있어 투명성과 윤리성을 확보해야 한다. 알고리즘의 공정성과 설명 가능성을 높이고, 데이터 수집과 활용에 있어 프라이버시를 철저히 보호하는 것이 중요하다. 나아가 AI로 인한 일자리 대체와 불평등 심화 등 사회적 문제에 선제적으로 대응하는 자세가 요구된다. 교육과 훈련을 통해 근로자들의 역량을 높이고 새로운 일자리로의 전환을 지원하는 노력이 병행되어야 할 것이다. 또한 AI의 혜택이 사회 전반에 고루 돌아갈 수 있도록 포용적인 접근이 필요하다. AI로 인한 디지털 격차가 심화되지 않도록 기술 접근성을 높이고, AI를 활용한 사회문제 해결에도 적극 나서야 한다. 교육, 의료, 환경 등 다양한 영역에서 AI의 혁신 역량을 사회적 가치 창출과 연계하는 노력이 요구되는 시점이다. 무엇보다 중요한 것은 끊임없는 소통과 공감의 자세이다. 기업은 다양한 이해관계자들과 열린 자세로 소통하며 사회적 공감대를 형성해 나가야 한다. AI가 가져올 변화상을 투명하게 공유하고, 사회적 우려와 요구에 귀 기울이는 개방적 자세가 필수적이다. 전문가, 시민사회, 정부 등과 긴밀히 협력하여 AI 거버넌스와 윤리 기준 정립에 적극 참여하는 것도 기업의 책무라 할 수 있겠다.

우리는 지금 AI로 인한 거대한 변혁의 시대를 맞이하고 있다. 기술이 빠르게 발전할수록 오히려 인간과 사회에 대한 깊이 있는 고민이 더욱 절실해진다. 기업이 앞장서 AI에 대한 사회적 담론을 이끌어가고, 포용적이고 지속가능한 미래를 설계해 나가는 노력이 그 어느 때보다 중요한 시점이다. 최근 대형 언어 모델의 등장으로 AI의 사회적 영향력이 더욱 확대되고 있다. GPT-3, PaLM 등 방대한 데이터로 학습한 거대 언어 모델들은 인간 수준의 언어 이해와 생성 능력을 보여주며 산업계의 관심을 모으고 있다. 하지만 이들 모델의 편향성과 악용 가능성, 환경적 영향 등에 대한 우려도 제기되고 있다. 기업들은 책임감 있는 AI 개발을 위해 다양성과 공정성을 고려한 데이터 선별, 편향성 진단 및 완화 노력, 모델 설계와 활용에 있어서의 투명성 제고 등에 힘써야 할 것이다. 기업들은 AI가 사회에 미치는 영향을 다각도로 분석하고, 이해관계자들과 투명하게 소통하며, 책임감 있는 AI 생태계 조성에 앞장서야 한다. 이제 기업 경영의 패러다임을 전환할 때이다. 기술 혁신을 위한 투자와 노력도 중요하지만, 그에 못지않게 인간 중심의 가치 구현과 사회적 책임 실천에 방점을 찍어야 한다. 이윤 추구와 사회적 가치 창출이 선순환하는 지속가능한 비즈니스 모델을 고민해야 할 때이다. 다가올 미래는 기술과 인간, 경제와 사회가 조화롭게 공존하며 함께 번영하는 세상이기를 소망해 본다. AI 기술의 혁신 속도를 따라잡기 어려울 만큼 빠른 변화의 물결 속에서, 인간 존엄과 가치를 지키며 기술과 조화를 이루는 지혜가 그 어느 때보다 절실히 요구되는 시대이다. 기업이 그 중심에서 책임감 있는 자세로 나아갈 때, 우리는 모두가 행복한 AI 시대를 맞이할 수 있을 것이다. 지금 이 시점이 바로 기업이 AI 시대의 리더로 도약할 수 있는 중요한 갈림길이 아닐까?

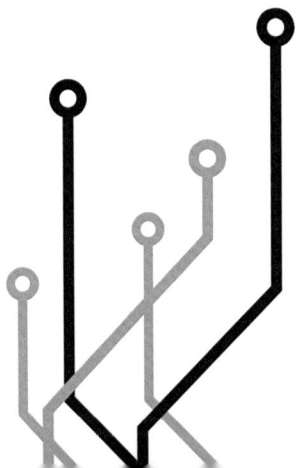

5장
AI 시대의 일자리 변화

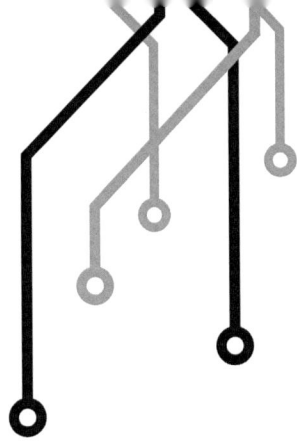

　인공지능의 눈부신 발전은 우리의 일과 삶의 모습을 근본적으로 바꾸어 놓고 있다. 단순 반복 업무는 점차 자동화되어 사라지고, 인간은 더욱 창의적이고 복잡한 일에 집중하게 될 것이다. 이 거대한 변화의 물결 속에서 우리는 새로운 기회를 포착하고 도전에 맞서야 한다.

　과거 산업혁명 시기에도 기계의 등장으로 많은 일자리가 사라졌지만, 동시에 새로운 일자리가 창출되었다. AI 시대에도 이와 유사한 변화의 양상이 나타날 것으로 예상된다. 단순 노동은 로봇과 알고리즘이 대신하는 한편, 인간만이 할 수 있는 고차원적인 일자리가 늘어날 것이다. 특히 AI와 인간이 협업하는 영역이 크게 확대될 전망이다. 의료, 법률, 금융 등 전문직 영역에서 AI는 방대한 데이터를 분석해 인간의 의사결정을 보조하는 역할을 맡게 될 것이다. 창작 분야에서도 AI와 인간이 아이디어를 주고받으며 시너지를 발휘하는 모습을 상상해 볼 수 있다. 하지만 변화의 소용돌이 속에서 적응하지 못하는 이들도 있을 것이다. 일자리를 잃은 사람들이 새로운 기술을 익히고 재교육을 받아 다시 노동시장에 진입할 수 있도록 사회안전망을 구축하는 것이 중요한 과제다. 정부와 기업은 근로자의 역량 개발을 지원하고, 교육 시스템을 혁신해 미래 인재를 길러내야 한다. 무엇보다 AI 시대를 맞아 우리 자신의 역량을 높이기 위해 끊임없이 노력해야 한다. 평생학습의 자세로 새로운 지식과 기술을 습득하고, 변화에 유연하게 적응하는 태도가 필요하다. 창의력, 감성 지능, 문제해결력 등 인간 고유의 능력을 갈고 닦아 AI와 차별화된 가치를 발휘해야 한다.

AI와 일자리의 미래

인공지능은 이미 우리의 일상 곳곳에 스며들어 삶의 모습을 바꾸고 있다. 자동화와 최적화로 효율성이 높아지는 한편, 기존 일자리의 대체에 대한 우려의 목소리도 커지고 있다. 인공지능으로 인한 고용 지형의 급격한 변화 속에서 과연 우리는 어떤 미래를 준비해야 할까?

인공지능 기술의 발전은 엄청난 속도로 이뤄지고 있다. 딥러닝을 기반으로 한 알고리즘은 방대한 데이터로부터 복잡한 패턴을 학습하고, 이를 바탕으로 정교한 예측과 의사결정을 내린다. 제조업 현장에서는 최적화된 생산 공정과 설비 예지 보전이 가능해졌고, 금융 분야에서는 알고리즘 트레이딩과 로보어드바이저가 인간의 역할을 대신하고 있다. 의료 진단부터 신약 개발, 맞춤형 교육, 스마트시티 구축에 이르기까지 인공지능은 광범위한 분야에서 혁신을 주도하고 있다. 하지만 이러한 인공지능의 발전이 일자리에 미치는 영향에 대해서는 우려의 목소리가 높다. 단순 반복 업무부터 전문직까지 광범위한 분야에서 업무 자동화가 진행되면서 상당수 일자리가 기계로 대체될 것이란 전망이 제기된다. 일례로 맥킨지 보고서에 따르면 2030년까지 전 세계적으로 최대 8억 개의 일자리가 자동화될 것으로 내다봤다. 물론 새로운 기회의 문

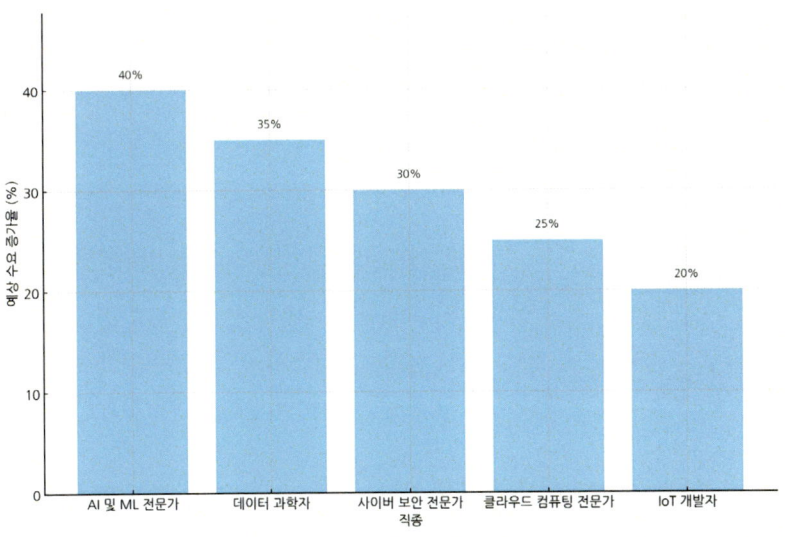

[2025년까지 수요가 급증할 것으로 예상되는 신기술 관련 직종 상위 5개]

도 열리고 있다. 인공지능 시대를 이끌 데이터 과학자, 머신러닝 엔지니어, 인공지능 윤리 전문가 등 신생 직종에 대한 수요가 급증하고 있다. WEF는 2025년까지 데이터 분석가 및 과학자 수요는 27.2%, 인공지능 및 머신러닝 전문가 수요는 44%가량 증가할 것으로 내다봤다.

중요한 것은 이러한 변화에 발맞춰 일하는 방식과 인재상도 달라져야 한다는 점이다. 단순 작업은 기계에 맡기고 인간은 더욱 창의적이고 복합적인 문제 해결에 집중할 수 있게 된다. 인공지능과의 협업을 통해 의사결정을 최적화하고 혁신을 이끌어내는 역량이 핵심 경쟁력으로 부상할 것이다. 끊임없는 학습과 역량 개발을 통해 변화에 적응하고 인공지능 기술을 활용할 수 있는 인재가 미래 일자리 시장을 선도할 것이다. 기업 역시 이러한 흐름에 발맞춰 근본적인 체질 변화가 필요하다. 단순히 인공지능 기술을 도입하는 차원을 넘어, 데이터와 인공지능 역량을 조직의 핵심 경쟁력으로 내재화해야 한다. 이를 위해 전사적 데이터 거버넌스 체계를 구축하고, 임직원의 디지털 리터러시와 분석 역량을 높이는 한편, 외부 인재와 생태계와의 개방적 협력도 확대해 나가야 할 것이다.

변화의 소용돌이 속에서 가장 중요한 것은 사회 안전망의 강화와 교육 시스템의 혁신이다. 전환기적 상황에서 고용 불안을 겪을 수 있는 계층을 보호하고 새로운 분야로의 재교육과 이직을 지원하는 정책적 노력이 요구된다. 생애주기별 맞춤형 직업훈련, 일학습 연계 프로그램, 전직 지원 서비스 등 전방위적인 지원체계를 구축해야 한다. 장기적으로는 인공지능 시대에 걸맞는 창의융합형 인재를 양성하기 위한 교육 혁신도 시급하다.

AI 시대에 사라질 직업

인공지능의 발전은 우리에게 새로운 기회와 도전을 동시에 안겨주고 있다. AI 기술의 발전 속도는 눈부시게 빨라지고 있으며, 이는 우리의 일상생활과 산업 전반에 걸쳐 큰 변화를 예고하고 있다. 그중에서도 가장 주목할 만한 변화는 바로 일자리 지형의 재편일 것이다. AI로 인해 어떤 직업이 사라지고, 또 어떤 새로운 일자리가 창출될까? 과거의 산업혁명 과정을 되돌아보면, 기술 발전은 항상 일자리 구조에 큰 영향을 미쳐왔다. 기계화로 인해 수작업 노동자들의 일자리가 위협받기도 했지만, 한편으로는 새로운 산업과 직종이 탄생하기도 했다. 이제 우리는 인공지능이라는 보다 강력한 기술 앞에 서 있다. 과연 AI는 일자리에 어떤 변화를 가져올까?

AI와 자동화 기술이 고도화됨에 따라 가장 직접적인 타격을 받을 직종은 단순 반복 업무를 수행하는 일자리들이다. 공장의 조립라인 근로자, 은행 창구 직원, 텔레마케터 등 정형화된 업무를 반복하는 직군이 대표적이다. 머신러닝 알고리즘과 로봇 기술이 빠르게 발전하면서 이들 업무는 기계로 대체되는 속도가 점점 빨라질 것으로 예상된다. 화이트칼라 직종 중에서도 AI에 일자리를 내줄 위험이 높은 분야들이 있다. 변호사의 계약서 검토, 회계사의 장부 정리, 증권사 직원의 데이터 분석 등 전문 지식을 요구하지만 비교적 정형화된 업무 영역이 그것이다. AI가 방대한 데이터를 분석하고 패턴을 찾아내는 능력이 높아지면서, 이 분야의 사람들 역시 일자리를 잃을 가능성이 제기되고 있다.

운송 및 물류 분야 역시 자율주행 기술의 발전으로 큰 변화가 예고되는 대표적 산업이다. 택배기사, 트럭 운전사, 택시기사 등 운송 관련 종사자들의 일자리가 자율주행차에 의해 대거 대체될 수 있다는 우려가 나오고 있다. 물류창고 관리나 상품 분류를 담당하는 인력들도 로봇과 AI에 자리를 내줄 가능성이 높아 보인다. 서비스업 분야에서도 AI 기술 도입으로 일자리 구조에 변화가 예상된다. 이미 많은 기업의 콜센터에서는 챗봇과 AI 상담원이 간단한 문의 응대를 담당하고 있다. 키오스크와 로봇의 도입으로 판매원, 안내원 등의 대면 서비스 일자리도 감소할 것으로 보인다. 금융권에서는 로보어드바이저가 투자 상담을 제공하는 등 전문 영역에서도 AI 도입이 가속화되고 있다. 이처럼 제조업,

사무직, 서비스업 등 여러 분야에서 정형화되고 반복적인 업무를 중심으로 AI에 의한 일자리 대체가 본격화될 전망이다. 경제협력개발기구 OECD는 AI로 인해 향후 10~20년 내 전체 일자리의 14%가 자동화될 가능성이 높다고 경고한 바 있다. 우리나라의 경우 그 비율이 무려 22%에 달할 것으로 분석되었다. 하지만 일자리 전망이 암울하기만 한 것은 아니다. AI와 자동화는 기존 일자리를 없애는 동시에 새로운 일자리도 만들어낼 것이기 때문이다. 일례로 AI 개발자, 데이터 과학자, 로봇 엔지니어 등 AI 신기술 분야의 전문가 수요가 폭발적으로 증가할 것으로 보인다. 기업들의 AI 경쟁력이 생존을 좌우하는 상황에서 관련 인재를 확보하기 위한 경쟁도 치열해질 전망이다. 또한 AI 기술을 활용한 신산업과 신규 비즈니스 기회도 확대될 것이다. 헬스케어, 교육, 금융, 마케팅 등 각 산업 분야에서 AI 적용이 확산되면서 새로운 비즈니스 모델이 속속 등장하고 있다. 이 과정에서 AI 서비스 기획자, AI 윤리 전문가, 감성인식 전문가 등 이전에 없던 새로운 직업들이 생겨나게 될 것이다. 무엇보다 AI 시대에는 인간만이 할 수 있는 고유한 능력이 더욱 중요해질 것으로 보인다. 창의력, 공감능력, 문제해결력 등 소프트 스킬의 가치가 높아지는 것이다. 단순 업무는 기계에 맡기고 사람은 보다 창의적이고 복합적인 문제 해결에 집중하는 업무 방식으로의 전환이 예상된다. 예술, 돌봄, 컨설팅 등 인간의 감성이 요구되는 분야의 일자리는 오히려 더욱 확대될 수 있다. 이처럼 AI로 인한 일자리 구조 변화는 위기이자 기회의 양면성을 갖고 있다. 중요한 것은 변화를 기민하게 포착하고 능동적으로 대처하는 우리의 자세이다. 일자리를 잃을 위험이 높은 근로자들을 위한 선제적 대책 마련이 필요하다. 직업훈련과 평생교육을 통해 근로자들의 역량을 향상시키고 새로운 분야로의 이직을 지원하는 제도적 뒷받침이 요구되는 시점이다.

기업들도 AI를 활용해 새로운 고부가가치를 창출하는 동시에, 구성원들의 역량 재교육에도 적극 나서야 할 것이다. 대학과 교육기관에서는 AI 시대에 필요한 인재 양성에 힘써야 한다. 창의력, 문제해결력 등 인간 고유의 능력을 배양하는 교육과 더불어 AI, 빅데이터 등 신기술 분야의 전문 인력을 적극적으로 배출해야 하는 과제를 안고 있다. 결국 AI로 인한 일자리 변화는 우리 모두가 함께 고민하고 지혜롭게 대처해 나가야 할 문제이다. 근로자 개인의 적응력 제고, 기업의 인재 육성, 정부의 정책적 지원, 교육계의 혁신 등 각계각층의 노력이 종합적으로 이뤄질 때 우리는 AI 시대의 일자리 위기를 슬기롭게 극복하고 새로운 기회를 창출해 나갈 수 있을 것이다.

AI가 만들 새로운 일자리

인공지능은 단순히 기존 일자리를 대체하는 것이 아니라 AI와 협업하는 새로운 직종을 탄생시키고 있다. AI 기술의 발전은 인간의 역량을 확장시키고, 창의력과 전문성이 발휘될 수 있는 새로운 영역을 개척하고 있다. AI와 함께 일하는 미래 직업 세계로 여러분을 초대한다.

AI 직업 창출 전문가AI Job Creation Specialist는 AI 시대의 길잡이로 떠오르고 있다. 특히 ChatGPT, Bard, Claude 등 대화형 AI 모델의 등장으로 콘텐츠 제작, 코딩, 고객 응대 등 다양한 분야에서 새로운 직군이 창출되고 있다. 이러한 변화는 단순 업무의 자동화를 넘어 인간-AI 협업의 새로운 지평을 열어갈 것으로 기대된다. 이들은 인공지능의 능력과 인간의 창의성이 교차하는 지점에서 새로운 직종을 설계하고 육성하는 개척자들이다. AI와 인간 노동자 사이의 가교 역할을 하는 'AI-인간 협업 코디네이터', 윤리적 AI 개발을 돕는 'AI 윤리 컴플라이언스 전문가' 등 미래의 직업지도를 그려나가고 있다. AI 기술의 발전은 의료 분야에도 혁신을 가져오고 있다. AI 보조 의료 기술자AI-Assisted Healthcare Technician는 정밀의료 시대를 이끄는 선구자이다. 방대한 의료 데이터를 분석해 질병을 조기에 진단하고, 맞춤형 치료 계획을 세우는 등 AI 기술로 무장한 이들은 의사와 협업하며 의료서비스의 패러다임을 바꾸어 나가고 있다. 교육 분야에서도 AI 기술은 개인 맞춤형 학습을 가능케 하며 새로운 지평을 열고 있다. AI 강화 교육자AI-Enhanced Educator는 학습자 개개인의 특성과 수준을 고려한 교육 콘텐츠를 설계하고, AI 기반 상호작용으로 학습 효과를 극대화하는 전문가이다. 이들은 교사와 기술의 경계를 넘나들며 미래 교육을 이끌어 갈 혁신가들이다. 한편 AI 시대에는 기술과 인간의 창의성이 결합된 새로운 형태의 일자리도 부상할 전망이다. 가령 'AI-휴먼 크리에이티브 디렉터'는 AI 생성 모델과 협업하여 예술, 디자인, 콘텐츠 제작 등의 영역에서 혁신을 이끌 것으로 기대된다. AI가 만들어낸 아이디어와 인간의 심미안, 공감 능력이 융합되어 기존에 없던 새로운 가치를 창조하는 것이다. 이는 단순히 AI에 의해 대체되는 일자리가 아니라, AI와 인간이 시너지를 발휘하는 새로운 협업의 모습을 보여준다.

AI와 인간이 시너지를 발휘할 미래 직업 세계의 가능성은 무궁무진하다. AI 시대의 리더는 기술과 인간의 조화로운 협업을 이끌며, 사회 각 분야에서 AI와 동행할 새로운 직군들을 발굴하고 성장시켜 나가야 한다. 우리는 막연한 두려움보다 설렘과 호기심을 갖고 AI와 함께 일하는 미래를 그려야 할 때이다. 현재의 우리에게는 AI 기술을 더 가치 있게 활용하고, 인간 고유의 능력을 개발하여 AI와 협력할 수 있는 역량을 키우는 것이 중요하다. 창의력과 감성 지능, 인간관계 능력 등은 AI로 대체하기 어려운 인간만의 강점이다. 이러한 역량을 바탕으로 AI와 함께 성장하는 자세가 필요하다.

AI 시대의 인간 역량

인공지능의 발전은 인류 역사상 가장 큰 변곡점 중 하나를 만들어내고 있다. 과거 인간만이 할 수 있다고 여겨졌던 영역에서 인공지능이 인간의 능력을 추월하는 사례가 속속 등장하고 있는 가운데, 우리는 새로운 질문에 직면하게 되었다. 인공지능 시대에 인간만이 가진 고유한 능력은 무엇일까? 기계와 차별화되는 인간 고유의 역량을 어떻게 발전시켜 나가야 할까?

창의력과 혁신적 사고는 인간만이 가진 가장 큰 무기다. 방대한 데이터를 초고속으로 분석하고 처리하는 인공지능과 달리, 인간은 상상력을 발휘해 전혀 새로운 아이디어를 만들어낼 수 있다. 남들이 가보지 않은 길을 개척하고, 기존의 패러다임을 깨는 창의적 문제해결력은 앞으로도 인간이 인공지능과 차별화되는 핵심 역량이 될 것이다. 특히 인공지능 기술 자체를 활용해 인간의 창의력을 보완하고 증폭시키는 방안도 주목할 만하다. 인간과 인공지능의 협업을 통해 그 어느 때보다 혁신적인 아이디어가 쏟아져 나올 것으로 기대된다. 인간만이 지닌 또 다른 고유한 능력으로 감성 지능을 꼽을 수 있다. 인공지능이 아무리 발전한다 해도 인간의 감정을 온전히 이해하고 공감하기란 쉽지 않다. 타인의 감정에 귀 기울이고 깊이 공감하며 서로 소통하는 능력, 그래서 강한 신뢰와 유대감을 형성하는 능력은 오직 인간에게만 있다. 감정지능이 높은 리더가 탁월한 성과를 내는 이유도 바로 여기에 있다. 앞으로 인간과 인공지능이 더욱 빈번하게 상호작용하게 될텐데, 이 과정에서 인간만이 줄 수 있는 감성적 교감은 더욱 중요해질 전망이다.

문제를 비판적으로 사고하고 효과적으로 해결하는 능력 또한 인공지능 시대를 헤쳐나가는 데 있어 필수적이다. 단순한 정보 습득이 아니라 그 이면을 꼼꼼히 따져보고, 근본 원인을 찾아 창의적으로 해법을 모색하는 일은 결코 기계가 대신해 줄 수 없다. 복잡하고 예측 불가능한 문제 앞에서 인간의 직관과 경험, 융통성 있는 사고는 여전히 강력한 무기다. 중요한 의사결정의 순간에는 데이터에 기반한 인공지능의 판단과 인간의 종합적 판단력을 적절히 조화시키는 지혜가 필요하다.

변화하는 환경에 유연하게 적응하고 끊임없이 학습하는 자세야말로 인공지능 시대를 살아가는 인간에게 요구되는 가장 중요한 역량이 아닐까 싶다. 4차 산업혁명으로 인해 수많은 직업이 사라지고 새로운 직업이 생겨날 것으로 예상되는 가운데, 새로운 기술과 지식을 열정적으로 학습하고 미래를 향해 나아가는 사람만이 도태되지 않을 것이다. 변화를 두려워하기보다 그것을 새로운 도약의 기회로 삼는 적극적이고 회복탄력적인 마인드가 그 어느 때보다 중요해졌다. 이 모든 역량을 가꾸기 위해서는 어릴 적부터 창의성과 감성지능, 비판적 사고, 문제해결력을 기를 수 있는 교육 환경을 조성하는 것이 중요하다. 지식 암기 위주의 주입식 교육에서 벗어나 학생들이 스스로 탐구하고, 협력하고, 문제를 창의적으로 해결하는 경험을 많이 쌓을 수 있어야 한다. 기업에서도 구성원들의 창의력과 혁신 역량, 감성 리더십, 유연한 문제해결 능력 등을 체계적으로 육성하기 위한 투자와 노력이 절실하다.

인간과 인공지능의 조화로운 공존을 위해서는 기술적 발전뿐 아니라 인간의 고유한 가치를 지켜내기 위한 끊임없는 성찰과 노력이 필요하다. 우리는 단지 효율성과 편리함을 쫓는 존재가 아니라, 심오한 감정과 창의성, 혁신의 잠재력을 지닌 존재임을 잊어서는 안 된다. 인공지능을 어떻게 현명하게 사용하고 통제할 것인지에 대한 사회적 합의와 윤리 정립 또한 중요한 과제다. 인공지능의 발전 속도를 감안할 때 인간이 기계를 따라잡기란 불가능에 가깝다. 그러나 중요한 것은 기계와의 경쟁이 아니라 인간만의 고유한 역량을 최대한 발휘하는 것이다. 창의력과 공감 능력, 융통성 있는 사고와 회복탄력성으로 무장한 인간은 인공지능과 더불어 새로운 기회를 마음껏 창출해 나갈 수 있을 것이다. 우리에게 필요한 것은 인간성을 잃지 않으면서도 기술을 현명하게 사용하고 진화시켜 나가는 지혜다. 앞으로 인공지능은 점점 더 우리 삶 깊숙이 파고들 것이다. 하지만 인공지능이 아무리 뛰어난 성과를 보인다 해도 결국 인간의 가치 판단과 통제 하에 작동해야 한다. 기술을 인간을 위해 사용할 때 비로소 진정한 의미의 발전이 가능하기 때문이다. 우리는 인공지능을 통해 더 나은 내일을 만들어 갈 수 있다. 단, 그 과정에서 인간의 존엄과 창의성, 혁신의 힘을 잃지 않는 것이 관건이다.

AI와 협업하는 인간

인공지능의 눈부신 발전은 우리에게 새로운 기회와 도전을 동시에 안겨주고 있다. 특히 업무 환경에서 AI와 인간의 효과적인 협업은 혁신의 핵심 열쇠로 부상하고 있다. 이제 우리는 인간과 AI의 시너지를 극대화하는 새로운 업무 방식을 모색해야 할 때이다.

AI와의 협업에 적합한 업무를 파악하는 것이 출발점이 될 것이다. 대량의 데이터 처리와 분석이 필요한 업무, 패턴 인식과 이상 탐지가 중요한 분야, 반복적이고 시간 소모적인 작업 등이 AI 도입의 유력한 후보군이라 할 수 있겠다. 조직 내 업무를 세부 작업 단위로 분해해 AI 기술 접목이 가능한 영역을 면밀히 분석하는 과정이 선행되어야 한다. 이를 토대로 인간과 AI의 역할을 명확히 구분하고, 협업을 위한 최적의 워크플로우와 프로세스를 설계해야 한다. 의사결정 지점마다 인간의 개입이 필요한 부분을 정의하고, AI 성능에 대한 피드백 체계를 갖추는 것도 중요하다. 무엇보다 AI의 능력과 한계에 대한 정확한 이해를 바탕으로 인간 근로자의 니즈를 반영한 설계가 필수적이다.

조직 구성원들이 AI를 신뢰하고 협업할 수 있는 문화 조성도 간과할 수 없는 과제이다. AI 시스템의 신뢰성, 공정성, 보안성을 담보하는 한편 의사결정의 근거를 투명하게 설명할 수 있어야 한다. 편향성과 차별 이슈 해소를 위한 지속적 모니터링과 개선 노력도 병행되어야 하겠다. 투명성 제고와 신뢰 구축이야말로 인간-AI 협업의 성패를 좌우하는 토대가 될 것이다. 한편 근로자들이 AI 시대에 걸맞은 새로운 역량을 갖추도록 지원하는 것도 필수불가결하다. 데이터 리터러시, 디지털 활용 능력 같은 테크 스킬 뿐 아니라 감성지능, 창의력, 문제해결력, 커뮤니케이션 능력 등 AI와 보완 관계를 이루는 휴먼 스킬의 배양에도 많은 공을 들여야 할 것 같다. 이는 개인의 경쟁력 제고와 직결되는 동시에 조직 전체의 민첩성과 혁신 문화 형성에도 기여할 수 있다. 무엇보다 지속적 학습과 역량개발을 장려하는 학습 문화가 중요하다. 최고 경영진의 강력한 의지와 전폭적 지원이 뒷받침되어야 한다. 개인별 맞춤형 학습 경로를 제공하고 현장 중심의 경험 학습 기회를 확대하는 것도 바람직한 방향이라 본다. 동료 간 학습을 장려하고 학습에 대한 적절한 인센티브도 필요하겠다. 무엇보다 도전과 실험을 장려하는 심리적 안정감 속에서 구성원 모두가 함께 성장하는 문화를 만드는 게 관건이라 생각한다.

앞으로 AI 협업 과정에서 발생할 다양한 변화의 흐름을 예의주시하며 새로운 과제들을 지속 발굴해 나가야 할 것 같다. 기존의 조직 구조와 운영 방식에 안주하지 않고 과감한 변화를 모색하는 혁신적 사고도 요구된다. 사람에 대한 깊이 있는 이해를 바탕으로 AI 기술과의 조화로운 협업 모델을 창출해 나가야 하는 시점이다. 앞으로 우리는 가상융합세계(메타버스)에서 AI와 협업하는 새로운 작업 방식도 점차 일상화될 것으로 전망된다. 가상공간에서 아바타를 통해 AI 어시스턴트와 소통하고 협력하는 경험은 업무 방식에 혁신을 가져올 잠재력이 크다. 확장현실^{XR} 기술이 뒷받침하는 실감나는 메타버스 환경 속에서 AI와 인간이 어떻게 상호작용할지, 그로 인해 조직문화와 협업, 의사결정 과정에 어떤 변화가 일어날지 주목할 필요가 있다. 이는 단순히 기술적 트렌드를 넘어, 근본적으로 우리가 일하고 소통하는 방식을 재정의하는 계기가 될 것이다. 메타버스라는 새로운 기술 환경에 걸맞은 최적의 인간-AI 협업 모델을 설계해 나가는 혜안이 요구되는 시점이다.

이제 우리에겐 개방성, 공감, 상상력을 바탕으로 인간-기계 협업의 새 지평을 열어갈 지혜가 필요하다. 인간과 AI 모두의 강점을 극대화하는 시너지 창출에 방점을 두고 설계와 실행 전략을 다듬어 나가야 할 때다. 무엇보다 인간 근로자의 니즈와 열망에 귀 기울이는 휴먼 중심적 사고가 긴요하다.

일자리 변화에 대한 정책적 대응

인공지능의 급격한 발전으로 노동시장의 판도가 크게 변화하고 있다. 기계가 점점 더 많은 일자리를 대체해 나가면서, 우리 사회는 일자리 감소와 실업 증가라는 심각한 도전에 직면하고 있다. 이러한 상황 속에서 정부와 기업, 그리고 우리 모두에게 요구되는 것은 변화를 예측하고 적극적으로 대비하려는 자세이다.

무엇보다 시급한 것은 고용안전망을 강화하고 일자리 전환을 지원하는 정책이다. 전통적인 제조업 분야에서 일자리가 감소하는 대신 AI 기술 개발과 활용 분야에서 새로운 일자리가 창출되고 있다. 정부는 적극적인 직업훈련과 교육 프로그램을 통해 근로자들이 새로운 기술을 습득하고 새로운 분야로 진출할 수 있도록 뒷받침해야 한다. 아울러 실직한 근로자들이 생계의 위협을 느끼지 않도록 실업급여 등 사회안전망을 확충하고, 재취업 지원 서비스를 강화하는 것이 필요하다. 특히 중장년층과 경력단절 여성 등 노동시장에서 취약한 계층을 위한 맞춤형 일자리 정책을 마련해야 할 것이다. 기업 역시 근로자의 역량 개발에 적극 투자하고, 업무 방식의 변화에 유연하게 대처해 나가야 한다. 단순 반복 업무는 점차 자동화될 것이므로, 창의력과 문제해결 능력, 감성지능 등 인간만이 할 수 있는 고부가가치 업무로 근로자들을 전환해 나가는 노력이 필요한 때이다. 기업은 근로자를 단순한 인력이 아니라 혁신의 원동력으로 인식하고, 이들의 지속적 성장을 뒷받침하는 학습조직으로 거듭나야 할 것이다. 더 나아가 정부와 기업이 협력하여 적극적으로 좋은 일자리를 만들어내는 노력이 필요하다. AI로 인한 생산성 향상 효과를 근로자와 공유하고, 노동시간 단축 등을 통해 일자리를 나누는 전략적 접근이 요구되는 시점이다. 아울러 노사정 모두가 머리를 맞대고 새로운 사회적 대화를 펼쳐나가야 한다. AI 시대를 맞아 기술 혁신의 속도에 노동법과 제도가 발맞추어 바뀌어야 하고, 이 과정에서 근로자의 목소리가 균형있게 반영되어야 할 것이다.

우리에게 필요한 것은 AI 시대의 도전을 두려워하기보다 새로운 기회를 포착하려는 적극적 자세이다. 기술의 발전을 거스를 수는 없지만, 사람을 중심에 두고 사회 혁신을 도모한다면 우리는 분명 더 나은 내일을 맞이할 수 있을 것이다. 급변하는 노동시장 속에서 연대와 협력, 그리고 세심한 정책적 노력을 통해 안전하고 지속가능한 일자리 생태계를 만들어 나가는 것, 그것이 우리 시대 모두의 과제가 아닐까 싶다. 한 사람 한 사람의 꿈과 열정, 잠재력이 빛날 수 있는 세상. AI 기술의 발달이 가져올 풍요로움을 모두가 누릴 수 있는 포용적 미래. 우리가 지혜를 모아 힘을 합친다면 분명 그런 미래를 앞당길 수 있으리라 믿는다. 특히 팬데믹 이후 비대면 경제로의 전환이 가속화되면서 일하는 방식 자체가 근본적으로 재편되고 있음에 주목해야 한다. 원격근무, 온라인 협업이 일상화되는 상황에서 노동자들이 새로운 디지털 환경에 적응하고 디지털 역량을 제고할 수 있도록 정책적 지원을 아끼지 말아야 한다. 중소기업과 소상공인, 프리랜서 등 상대적 취약계층을 위한 디지털 전환 지원에도 힘써야 한다. 나아가 원격근로자의 권익보호와 일·생활 균형, 교육훈련 기회 확대 등을 위한 법·제도 정비도 서둘러야 할 것이다. 코로나 위기로 인한 고용 충격을 완화하고, 더욱 포용적이고 혁신적인 노동시장을 구축하기 위한 정책적 노력이 그 어느 때보다 절실한 시점이다. 지금 우리에게 필요한 것은 변화를 긍정하고 새로운 가능성에 도전하는 자세, 그리고 연대와 협력의 정신이 아닐까? AI로 대표되는 4차 산업혁명의 물결 속에서, 우리 모두가 기술과 조화를 이루며 더불어 성장하

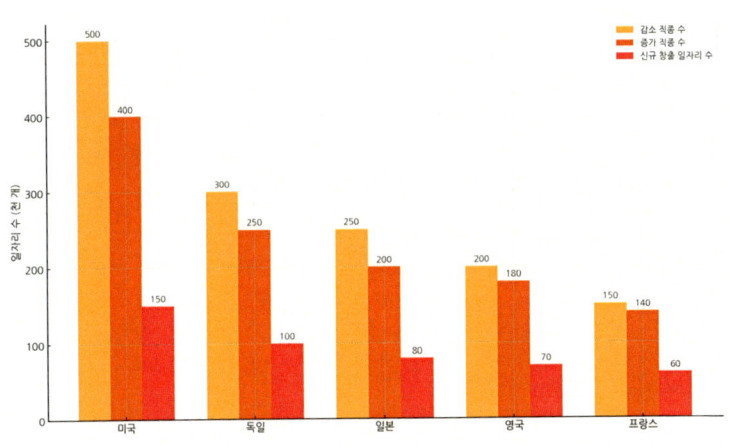

[주요 선진국의 AI 도입에 따른 일자리 영향 전망치 비교]

는 새로운 내일을 향해 힘차게 나아가야 한다. 더불어 우리는 교육 혁신을 통해 AI 시대에 걸맞은 창의융합형 인재를 길러내야 한다. 단순 지식 암기가 아니라 비판적 사고력과 문제해결력을 키우는 교육, 다양한 학문 분야를 넘나드는 융합 교육으로의 전환이 필요하다. 코딩과 데이터 활용 능력을 길러주고, 윤리의식과 공동체 정신을 겸비한 인재를 양성하는 것이 AI 시대 교육의 목표가 되어야 한다. 아울러 평생교육 체계를 갖추어 누구나 언제든 새로운 기술을 익히고 적응해 나갈 수 있도록 해야 한다. 정부와 대학, 기업이 협력하여 다양한 재교육 프로그램을 설계하고, 온라인과 오프라인을 넘나드는 유연한 학습 기회를 제공해야 할 것이다. 개인의 주도적 학습을 장려하고 지원하는 사회적 분위기와 제도적 기반 또한 마련되어야 한다.

모두에게 공정한 기회가 주어지는 포용적 사회로 나아가는 것 역시 중요한 과제이다. AI로 인한 양극화와 불평등이 심화될 것이라는 우려를 불식시키기 위해서는 기술 혜택의 사회적 확산을 위한 정책적 노력이 필요할 것이다. 소외계층의 디지털 접근성을 높이고, AI 교육 기회를 널리 제공하며, 기술 발전의 과실이 사회 전반에 고루 분배될 수 있도록 해야 한다. 포용적 성장과 공정한 기회 보장은 AI 시대 우리 사회가 추구해야 할 핵심 가치임을 잊지 말아야 할 것이다.

마지막으로, AI와 인간이 조화롭게 공존하며 각자의 영역에서 고유한 가치를 발휘하는 사회를 만드는 것이 무엇보다 중요하다. AI는 분명 인간의 능력을 뛰어넘는 영역이 있지만, 인간만이 할 수 있는 일 또한 분명 존재한다. 창의력과 공감 능력, 윤리의식과 심미안, 사색과 성찰의 깊이는 기계가 결코 모방할 수 없는 인간 고유의 가치이다. AI 시대에도 이러한 인간 본연의 능력을 계발하고 인문학적 성찰을 게을리 하지 않는다면, 우리는 기술과 인간이 아름답게 조화를 이루는 세상을 만들어 갈 수 있을 것이다.

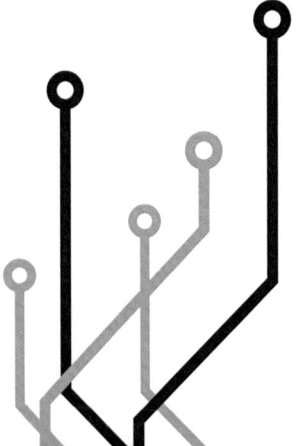

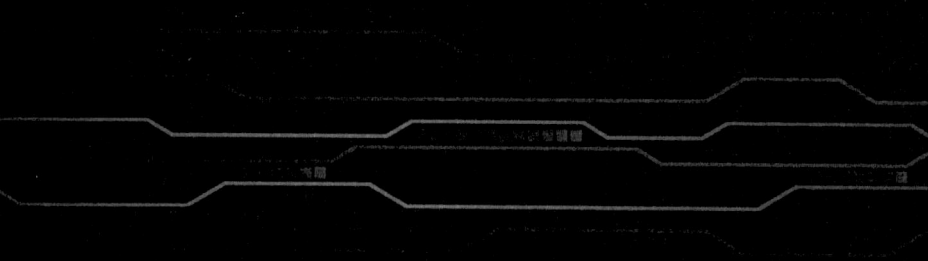

03
AI 시대의 사회적 영향과 과제

6장
AI 시대의 사회 변화와 과제

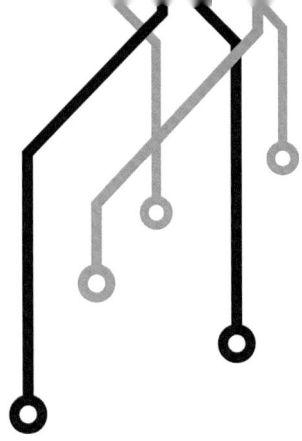

인공지능의 발전은 우리 사회에 큰 변화를 가져오고 있다. ChatGPT, GPT-4 등 대화형 AI 모델의 등장으로 인공지능 기술은 또 한 번의 도약을 맞이하고 있다. 자연어 이해와 생성 능력이 크게 향상되면서 일상 대화에서부터 전문 지식 전달, 창의적 글쓰기에 이르기까지 그 활용 범위가 크게 확대되고 있다. 과거 공상과학 소설에서나 볼 수 있었던 AI 기술은 어느새 현실이 되어 우리 삶의 모든 영역에 스며들고 있다. 업무 방식부터 의사소통, 학습, 여가 생활에 이르기까지 AI는 우리의 일상을 빠르게 변화시키고 있다. AI 기술이 계속해서 진화하고 사회에 통합됨에 따라 흥미진진한 가능성과 함께 우리가 헤쳐나가야 할 도전 과제들이 생겨나고 있다.

AI는 단순 반복 업무를 자동화하는 한편, 전문직 영역에서도 일부 업무를 대체하며 고용 구조에 변화를 가져오고 있다. 일각에서는 이러한 변화가 장기적으로 새로운 일자리 창출과 생산성 향상으로 이어질 것이라는 낙관론도 있지만, 단기적 일자리 감소와 소득 불평등 심화에 대한 우려도 제기되고 있다. 일각에서는 AI의 발전이 대규모 일자리 감소와 사회적 혼란을 야기할 것이라는 우려의 목소리가 나오고 있다. 반면 새로운 기회를 창출하고 인간을 단순 반복 업무에서 해방시켜 줄 것이라는 낙관론도 있다. AI 시대에 번영하기 위한 열쇠는 기계와 경쟁하기보다는 기계와 상호보완적인 기술을 개발하는 것이 될 것이다. 이는 창의력, 공감 능력, 비판적 사고력과 같은 인간 고유의 능력에 초점을 맞추는 것을 의미한다.

  AI가 큰 영향을 미치는 또 다른 영역은 프라이버시와 보안이다. AI 시스템에 의해 개인 데이터가 수집되고 분석되는 양이 늘어남에 따라 프라이버시 침해와 정보 오용 가능성에 대한 우려가 커지고 있다. 우리의 일거수일투족이 추적되고 기록되는 시대에 개인정보를 안전하게 보호하고 부당한 용도로 사용되지 않도록 할 수 있을까? 이러한 우려를 해소하기 위해서는 AI 사용을 규제하는 강력한 법적, 윤리적 프레임워크를 마련해야 한다. 여기에는 데이터 수집과 사용에 관한 명확한 지침 설정, 정보 유출이나 오용 시 기업과 개인에 대한 책임 규명 등이 포함된다. 대중을 대상으로 AI의 위험과 혜택에 대해 교육하고, 개인이 자신의 데이터와 프라이버시에 관해 충분한 정보를 바탕으로 결정을 내릴 수 있도록 역량을 강화해야 한다.

AI의 발전은 우리가 서로 상호작용하고 사회적 유대를 형성하는 방식에도 변화를 가져오고 있다. 소셜미디어와 온라인 소통 도구가 널리 보급되면서 세계 곳곳의 사람들과 쉽게 연결될 수 있게 되었다. 하지만 이런 초연결성은 허위정보 확산, 대면 소통 능력 저하 등 새로운 도전 과제를 낳고 있다. 이러한 어려움을 헤쳐나가기 위해서는 디지털 시대에 맞는 새로운 사회적 규범과 에티켓을 정립할 필요가 있다. 효과적인 온라인 소통 방법을 익히는 한편, 정보가 빛의 속도로 퍼지는 세상에서 자신의 언행이 미칠 수 있는 영향을 인식해야 한다. 디지털 리터러시와 비판적 사고 능력을 향상시켜 신뢰할 만한 정보와 그렇지 않은 정보를 구별해 내는 개인의 역량을 키워야 한다.

의료 분야에서의 AI 활용도 중대한 사회적 변화와 도전을 예고하고 있다. AI는 진단, 치료, 예후 예측 능력을 높임으로써 의료 서비스를 혁신할 잠재력을 갖고 있다. 하지만 프라이버시, 동의, 의료 의사결정에서 인간의 역할 등에 관한 윤리적 문제도 제기된다. 의료 분야에서 AI가 책임감 있게 사용되도록 하기 위해서는 환자 안전과 복지를 최우선으로 하는 명확한 가이드라인과 규제를 수립해야 한다. 데이터 공유 프로토콜을 확립하고 AI 시스템의 투명성과 책임성을 보장하는 것이 필요하다. AI 알고리즘의 편향성과 차별 문제를 해소하여 배경이나 사회경제적 지위에 관계없이 모든 환자가 공정하고 평등한 대우를 받을 수 있도록 노력해야 한다.

마지막으로 AI의 발전은 인간이 된다는 것의 의미에 관한 근본적인 질문을 던지고 있다. 지능적 행동과 창의성, 자유의지 등 한때 인간만의 고유한 것으로 여겨졌던 능력을 기계가 점차 갖추게 되면서, 인간성에 대한 성찰이 요구된다. 이러한 실존적 질문들을 탐구하기 위해서는 우리 삶에서 AI가 차지하는 역할에 대한 지속적인 대화와 성찰이 필요하다. 지능형 기계를 만드는 것의 윤리적, 철학적 함의를 탐색하고, AI가 인류 전체에 혜택이 되는 방향으로 개발되고 활용될 수 있게 하는 방안을 고민해야 한다. 결론적으로 AI가 가져온 사회적 변화와 도전은 복잡하고 다면적이다. AI는 의료 서비스 향상, 새로운 경제적 기회 창출 등 엄청난 혜택을 가져다줄 잠재력이 있는 반면, 우리가 반드시 해결해야 할 중대한 과제들도 제기한다. AI 시대를 성공적으로 헤쳐나가기 위해서는 새로운 기술을 습득하고, 명확한 법적, 윤리적 프레임워크를 수립하며, AI가 우리 삶에서 수행하는 역할에 대해 끊임없이 대화하고 성찰해야 한다. 이러한 어려움을 함께 헤쳐나감으로써 우리는 AI의 발전이 모두에게 더 풍요롭고 공정하며 보람찬 미래로 이어지도록 만들 수 있을 것이다.

AI와 프라이버시의 딜레마

인공지능 기술의 급속한 발전은 우리 삶의 편의성을 높이고 사회 전반의 효율성을 극대화하고 있다. 하지만 그 이면에는 개인정보 침해와 프라이버시 훼손이라는 심각한 문제가 도사리고 있다. 인공지능이 더욱 강력해지기 위해서는 방대한 데이터가 필요한데, 이는 개인의 프라이버시를 희생시키는 대가로 이뤄지기 때문이다. 구글의 MuZero, 딥마인드의 AlphaFold 등 최신 AI 모델은 강화학습, 그래프 뉴럴넷 등의 기술을 활용해 복잡한 추론과 전략적 사고가 요구되는 영역에서도 뛰어난 성과를 보여주고 있다.

오늘날 우리의 일거수일투족은 데이터로 기록되고 있다. 온라인에서의 웹 검색 기록, 쇼핑 내역부터 오프라인에서의 위치정보, 심지어 생체인식 정보까지 모든 것이 데이터 수집의 대상이 되고 있다. 사물인터넷IoT과 웨어러블 기기의 확산으로 데이터 수집의 범위는 더욱 확대되고 있다. 이렇게 수집된 개인정보 데이터는 인공지능 알고리즘의 학습 재료가 된다. 빅데이터 기반의 머신러닝을 통해 사용자 개개인의 특성과 행동 패턴을 분석하고, 이를 바탕으로 최적화된 맞춤형 서비스를 제공하는 것이다. 그러나 이는 사생활 침해라는 심각한 부작용을 동반한다. 사용자의 동의 없이 민감한 개인정보가 무분별하게 활용될 수 있기 때문이다.

실제로 연구 결과에 따르면 소셜미디어의 '좋아요' 분석만으로도 성적 취향, 정치적 성향, 성격 특성 등을 추론해낼 수 있다고 한다. 스트리밍 서비스 사용 내역으로 음악 취향은 물론 가구 소득 수준까지 예측 가능하며, 웹 검색 기록을 통해 잠재적 질병을 도출해내기도 한다. 이처럼 인공지능은 얼핏 무해해 보이는 데이터에서조차 개인에 대한 놀라운 통찰을 이끌어낸다. 이런 데이터 기반의 통찰력은 개인화된 추천, 최적화된 의료 서비스, 예측적 치안 등 다양한 분야에서 활용될 수 있다. 하지만 한편으로는 정보 주체의 인지나 통제 없이 개인정보가 과도하게 침해당할 위험이 있다. 데이터 패턴에 기반해 개인을 단정 짓고 이를 토대로 의사결정을 내리는 것은 부정확성과 편향성의 문제를 야기할 수 있다. 이런 상황 속에서 아이러니한 점은 개인정보 보호에 대한 우려가 커지면서도 동시에 편의성과 개인화를 위해 기꺼이 정보를 내어주려는 경향이 있다는 것이다. 넷플릭스의 영화 추천, 아마존의 제품 추천, 스포티파이의 맞춤 플레이리스트 등 데이터 기반의 개인 최적화 서비스에 우리는 이미 익숙해졌다. 이런 딜레마 상황을 프라이버시 패러독스라고 한다. 이를 해결하기 위해서는 개인이 자신의 정보를 통제하고, 데이터 활용에 동의할 권리를 가져야 한다. 민감한 정보 없이도 AI 학습이 가능한 프라이버시 보호 기술, 데이터 수집과 활용에 대한 투명성 확보,

법적 규제 마련, 윤리 교육 등 다각도의 노력이 필요하다. 무엇보다 개인 정보를 상품이 아닌 개인의 소중한 자산으로 인식하는 패러다임의 전환이 시급하다.

AI와 사회적 불평등

인공지능 기술의 발전은 목마르게 기다려온 혁신이다. 하지만 우리는 이 기술이 가져올 사회 양극화의 위험도 간과해서는 안 된다. 현재 AI 기술은 엄청난 속도로 진화하고 있다. 딥러닝과 머신러닝 등의 첨단 알고리즘이 개발되면서 AI의 성능은 점점 더 인간에 가까워지고 있다. AI는 이미 의료, 금융, 제조, 교육 등 거의 모든 산업 분야에 적용되고 있으며, 생산성과 효율성을 크게 높이고 있다. 그러나 AI가 빚어낼 사회 불평등도 만만치 않아 보인다. 첫째로 노동시장의 양극화가 우려된다. AI와 로봇의 도입으로 단순 반복 업무는 자동화될 것이다. 이로 인해 저숙련 노동자의 일자리가 크게 감소하고, 소득 격차가 심화될 수 있다. 2019년 브루킹스연구소의 보고서에 따르면 미국에서만 약 3천6백만 명이 자동화로 인해 일자리를 잃을 위험이 높다고 한다. 주로 저학력, 저임금 계층의 일자리가 가장 큰 타격을 입을 것으로 예상된다.

GPT-3, PaLM, Chinchilla 등 초대형 언어모델의 개발로 자연어 처리 능력은 더욱 고도화되고 있다. 이는 챗봇, 콘텐츠 생성, 번역 등 다양한 서비스의 성능 향상으로 이어져 산업 전반에 혁신을 불러일으킬 전망이다. AI 역량을 갖추지 못한 전문직조차도 설 자리를 잃어갈 수 있다. 법률, 의료 등 고급 지식 노동 분야에서도 AI 솔루션이 인간을 대체하기 시작했다. 전문성을 무기로 고소득을 올리던 이들도 디지털 활용 능력이 부족하다면 AI에 밀려날 수밖에 없는 상황이다.

교육 분야의 불평등도 가속화될 전망이다. AI 기반 맞춤형 교육, VR 시뮬레이션 학습 등 첨단 에듀테크는 아직 소수 엘리트 학교에서나 접할 수 있다. 빈곤 지역 학교는 교과서조차 제대로 갖추기 어려운 형편인데, AI 기술의 도입은 언감생심이다. 에듀테크 접근성의 차이는 교육 기회의 불평등으로 이어질 수밖에 없다. 무엇보다 AI가 특정 계층, 국가의 전유물이 되지 않도록 경계해야 한다. 개발도상국을 비롯한 전 세계 모든 이들이 AI의 혜택을 누릴 수 있도록 기술과 인프라 격차를 해소하기 위한 국제사회의 협력이 필요하다. 그렇다면 AI로 인한 사회 양극화를 막기 위해 우리는 무엇을 해야 할까? 먼저 누구나 AI 기술에 접근할 수 있는 디지털 인프라를 구축해야 한다. 정부와 기업, 시민사회가 협력하여 저렴한 인터넷과 디바이스를 보급하고, 소외 계층을 위한 공용 기술 센터를 세워야 한다. 연결성을 기본적 인권으로 간주하는 사회적 합의가 필요하다.

AI 시대에 걸맞은 교육 개혁도 시급하다. 초등학교부터 디지털 활용 능력, 데이터 분석, 알고리즘적 사고 등을 가르쳐야 한다. AI 기술을 수업에 적극 활용하되, 교사의 역할을 강화하여 개개인의 수준 차이를 좁히는 데 집중해야 한다. 성인 재교육 프로그램 또한 AI 시대에 맞게 전면 혁신될 필요가 있다. 기업은 근로자의 역량 강화를 위해 지속적으로 투자해야 한다. AI로 일자리를 잃은 이들이 원활히 전직할 수 있도록 정부 차원의 안전망과 소득 보장 제도도 마련되어야 한다. 일자리 전환이 잦아질수록 평생학습의 중요성은 그 어느 때보다 커질 것이다. 무엇보다 AI가 특정 계층, 국가의 전유물이 되지 않도록 경계해야 한다. AI

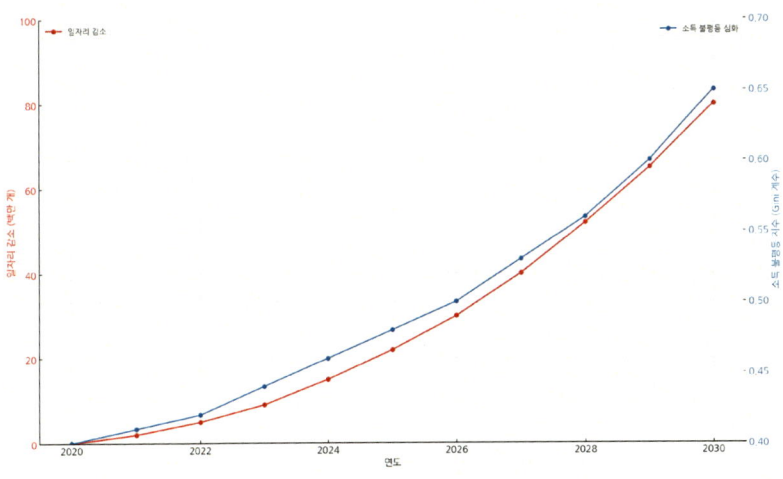

[AI로 인한 일자리 감소와 소득 불평등 심화]

의 혜택이 특정 기업이나 국가에 편중될 경우 불평등은 국제적 차원으로 확대될 수 있다. 범사회적 논의와 숙의를 통해 AI의 책임 있는 개발과 윤리적 활용을 담보할 규범과 제도를 마련해야 한다. AI 시대에도 공정성과 포용의 가치는 반드시 지켜져야 할 것이다.

AI 혁명의 혜택은 만인의 것이 되어야 한다. 단순히 AI 기술을 발전시키는 것이 아니라, 그것을 통해 사회 정의를 실현하고 모두의 삶의 질을 높이는 것이 진정한 목표다. AI가 인류에게 축복이 되기 위해서는 불평등과 배제의 위험을 끊임없이 경계하고 대응해 나가야 한다. 특권층만 누리는 AI가 아니라 소외된 이웃도 함께 나아가는 AI, 그것이 우리가 지향해야 할 미래의 모습이다.

AI 시대의 교육 혁신 과제

단순 반복 업무는 기계가 대신하고, 인간은 창의적이고 복합적인 문제 해결 능력이 요구되는 시대가 도래했다. 이런 시대적 변화 속에서 교육계는 중대한 도전에 직면해 있다. 어떻게 미래 세대를 AI 시대에 적응하고 번영할 수 있도록 준비시킬 것인가? 해답은 창의성, 비판적 사고력, 그리고 평생학습 능력을 키워주는 새로운 교육 패러다임에 있다. 인간만이 가진 고유한 역량을 계발하고, 끊임없이 변화하는 시대에 적응할 수 있는 역량을 길러주는 것이 관건이다. 창의성을 바탕으로 새로운 가치를 창출하고, 비판적 사고력으로 복잡한 문제를 해결하며, 평생학습을 통해 급변하는 직업 시장에서 경쟁력을 유지할 수 있어야 한다.

창의성, 혁신의 원동력

AI가 정형화된 업무를 효율적으로 처리하는 세상에서 인간의 창의성은 가장 중요한 자산이 된다. 기계와 차별화되는 새로운 아이디어를 내고, 틀에 박히지 않는 사고를 할 수 있는 능력이 미래 인재의 핵심 역량이 될 것이다. 창의성을 기르기 위해 교육기관은 학생들이 자신의 열정을 탐색하고, 새로운 개념을 실험하며, 다양한 사람들과 협업할 수 있는 기회를 제공해야 한다. 프로젝트 기반 학습, 융합 교육, 예술 교육 등은 창의적 사고력을 기르는 효과적인 방법이다. 학생들이 위험을 감수하고, 실패를 배움의 기회로 받아들이며, 다양한 관점에서 문제에 접근할 수 있도록 격려함으로써 혁신의 문화를 조성할 수 있다. 창의적 역량을 갖춘 인재들이 새로운 가능성을 상상하고, 혁신적인 솔루션을 설계하며, AI 시대를 이끌어 갈 것이다.

비판적 사고력, 정보의 홍수 속에서 길을 찾다

AI가 방대한 데이터를 처리하고 분석하는 능력이 고도화될수록, 비판적으로 사고하고 정보에 기반한 의사 결정을 내리는 능력이 더욱 중요해진다. 정보의 홍수 속에서 학생들은 출처의 신뢰성을 평가하고, 편향성을 인지하며, 증거를 바탕으로 논리적인 결론을 도출하는 법을 배워야 한다. 탐구 중심 학습, 소크라테스식 토론, 실제 문제 해결 등을 통해 비판적 사고력을 기를 수 있다. 다양한 관점에 학생들을 노출시키고, 가정에 의문을 제기하며, 복잡한 이슈를 다각도로 분석하도록 가르침으로써 비판적 사고자를 양성할 수 있다. 나아가 AI가 제기하는 프라이버시, 투명성, 공정성 등의 윤리적 문제를 다룰 수 있는 도덕적 역량도 필요하다. AI의 책임감 있는 개발과 활용에 초점을 맞춘 윤리 교육을 교과 과정에 포함시켜, 기술이 공공선을 위해 사용되는 미래를 만들어 가야 한다.

평생학습, 변화의 물결을 타다

AI 시대에 단일하고 선형적인 경력 경로는 쓸모 없어지고 있다. 자동화로 산업이 격변하고 새로운 직업이 생겨나면서, 개인은 평생학습을 통해 적응력과 고용 가능성을 유지해야 한다. 교육기관은 지속적인 기술 개발을 촉진하고 재교육 및 역량 강화의 기회를 제공하는 데 중추적인 역할을 해야 한다. 전통적인 대학과 전문대는 직장인의 니즈에 부합하는 온라인 강좌, 마이크로 자격증, 시간제 프로그램 등 유연한 학습 옵션을 제공해야 한다. 산학 협력을 통해 실무 중심의 실습 교육과 현장 경험을 쌓을 수 있다. AI 관련 신규 분야에 특화된 과정을 제공함으로써, 진화하는 일자리 시장이 요구하는 스킬을 장착한 인재를 양성할 수 있다. 공식 교육을 넘어 자기주도 학습의 문화를 조성하는 것도 중요하다. 학생들이 자신의 학습 여정을 주도하고, 새로운 지식을 탐구하며, 스킬을 지속 업데이트하도록 장려함으로써 급변하는 환경에 적응할 수 있는 힘을 길러줄 수 있다. 교실 밖에서도 온라인 학습 플랫폼, 멘토링, 전문성 개발 기회 등을 통해 평생학습을 뒷받침할 수 있다.

협력 학습, AI의 힘을 이용하라

AI는 단순 업무를 자동화하는 한편, 학습 경험을 혁신할 전례 없는 기회도 제공한다. AI 기술을 활용해 개인화 학습, 지능형 튜터링, 학생-AI 협업 등을 구현할 수 있다. AI 기반 적응형 학습 플랫폼은 학습자 데이터를 분석해 개인의 강점과 약점을 파악하고 맞춤형 학습 경로를 설계한다. 지능형 튜터링 시스템은 실시간 피드백을 제공하고, 복잡한 개념을 안내하며, 맞춤형 학습 지원을 한다. AI 기반 협업 도구는 그

룹 프로젝트, 토론, 동료 학습을 촉진해 팀워크와 소통 능력을 기를 수 있다. AI를 활용한 게이미피케이션으로 학습을 더욱 재미있고 상호작용적으로 만들 수도 있다. 보상, 도전 과제, 단계적 성장 등 게임 디자인 요소를 접목해 학습 동기와 참여도를 높일 수 있다. AI 기반 시뮬레이션과 VR은 몰입감 있는 학습 환경을 제공해, 복잡한 시스템을 탐구하고 실험하며 지식을 적용해 볼 수 있다.

지혜와 용기로 AI 시대를 맞이하며

AI로 정의되는 미래를 눈앞에 두고, 차세대가 새로운 현실에서 번영할 수 있도록 교육 체계를 준비시키는 것은 우리 모두의 책임이다. 창의성, 비판적 사고력, 감성 지능에 방점을 둠으로써 학생들이 AI 시대의 도전을 헤쳐나가고 기회를 포착할 수 있는 역량을 길러줄 수 있다. 평생 학습과 재교육을 통해 급격한 기술 변화 속에서도 개인이 적응력과 회복탄력성을 유지할 수 있도록 해야 한다. AI 기술을 활용해 개인화되고 몰입감 있는 협력 학습 환경을 조성함으로써 성장과 혁신을 도모할 수 있다. 앞길이 불확실할지라도 지혜와 용기, 그리고 변화를 받아들이려는 의지만 있다면 인간과 AI가 조화를 이루며 더 나은 세상을 만드는 미래를 설계할 수 있다. 개방적인 자세, 호기심, 끊임없는 배움에의 열정을 가지고 새로운 시대를 맞이하자. 함께 힘을 모아 AI 시대를 항해하고 인간 고유의 잠재력을 마음껏 발휘할 수 있을 것이다.

AI와 법·제도적 과제

　　인공지능 기술의 급속한 발전은 우리 사회 전반에 걸쳐 엄청난 변화를 불러일으키고 있다. 과거 공상과학 소설 속에서나 존재하던 인공지능이 이제는 일상생활 곳곳에서 활용되며 세상을 빠르게 변화시키고 있다. 음성인식 비서에서부터 자율주행차에 이르기까지, 인공지능은 우리가 알던 세상의 모습을 새롭게 바꾸어 놓았다. 하지만 이러한 힘에는 그에 걸맞은 책임이 뒤따른다. 인공지능 시스템이 고도화되고 널리 활용됨에 따라, 인공지능이 제기하는 법적, 제도적 난제들에 직면하게 되었다. 인공지능의 발전은 전례 없는 기회를 가져다주었지만, 동시에 위험과 윤리적 딜레마도 안겨주었다. 기계가 인간의 삶에 영향을 미치는 결정을 내리게 되면서, 지능과 행위주체성, 책임성의 본질에 관한 근본적인 질문이 제기되고 있다. 인공지능 시스템이 피해를 야기했을 때 누가 책임을 져야 하는가? 인공지능이 우리의 가치관을 반영하고 개인의 권리를 보호하는 방식으로 개발되고 활용되도록 어떻게 보장할 것인가? 쉽게 답하기 어려운 질문들이지만, 인공지능의 혜택을 누리면서도 부작용은 최소화하기 위해서는 반드시 직면해야만 하는 문제들이다.

인공지능이 제기하는 가장 시급한 법적 과제 중 하나는 책임 소재에 관한 것이다. 인공지능 시스템이 더욱 자율적으로 의사결정을 내릴 수 있게 되면서, 사고 발생 시 누구에게 책임을 물어야 할지 판단하기가 점점 더 어려워지고 있다. 자율주행차 사고를 예로 들면, 제조사의 잘못인가? 차주의 과실인가? 아니면 인공지능 시스템 자체의 책임인가? 기존의 법체계로는 이런 복잡한 문제를 다루기가 쉽지 않다. 이를 해결하기 위해서는 인공지능에 특화된 새로운 책임 모델과 보험 제도를 마련해야 한다. 인공지능 시스템의 제작자와 운영자에게 과실이나 부주의와 무관하게 책임을 지게 하는 무과실 책임 원칙을 도입하는 것도 한 방안이 될 수 있다. 또는 인공지능 특화 보험 상품을 개발해 사고 위험을 분산시키는 방안도 생각해 볼 수 있다. 어떤 접근법을 취하든, 명확한 책임 원칙을 정립하는 것은 인공지능 기술에 대한 신뢰와 활용을 제고하는 데 있어 필수적이다. 데이터 프라이버시 역시 인공지능이 야기하는 주요한 법적, 윤리적 문제다. 많은 인공지능 시스템들이 온라인 검색 습관에서 생체인식정보에 이르기까지 방대한 개인정보를 활용해 작동한다. 인공지능이 고도화될수록 무해해 보이는 데이터에서도 개인에 대한 민감한 통찰을 도출해낼 수 있는 능력도 향상될 것이다. 이는 프라이버시 권리와 데이터 보호에 커다란 영향을 미칠 수밖에 없다.

인공지능 시대에 개인 프라이버시를 보호하기 위해서는 강력한 법제도적 장치가 마련되어야 한다. 유럽연합의 GDPR은 좋은 선례가 될 수 있다. 개인에게 자신의 데이터에 대한 더 큰 통제권을 부여하고, 데이터를 수집 및 처리하는 기업들에 엄격한 규제를 적용하고 있기 때문이다. 다른 나라들에서도 유사한 제도를 도입하려는 노력이 이어지고 있지만, 데이터를 바라보는 문화적 규범과 경제적 이해관계가 달라 국제적 합의를 도출하기란 쉽지 않은 상황이다. 인공지능 시스템이 고도화되고 널리 활용됨에 따라, 인권을 침해하거나 기존의 사회적 불평등을 심화시키는 방향으로 악용될 위험성도 있다. 인공지능 기반의 감시 기술은 정부의 통제력을 전례 없는 수준으로 높일 수 있다. 범죄 예측 알고리즘은 형사사법제도 내 인종차별을 영속화시킬 수 있다. 채용 과정의 자동화 역시 적절한 설계와 감사 절차 없이는 특정 집단에 대한 차별로 이어질 수 있다. 이러한 폐해를 방지하기 위해서는 인공지능의 개발과 활용 과정에 대한 선제적 규제와 감독이 필요하다. 고위험군 인공지능 응용기술에 대해서는 영향평가를 의무화하고, 편향성에 대한 정기적 검사와 감사를 시행하며, 대중에 투명하게 공개하고 설명책임을 다하도록 해야 한다. 아울러 공정성, 차별 금지, 인권 존중을 우선시하는 윤리적 인공지능 개발 문화를 조성하는 것도 중요한 과제다. 또 다른 중요한 도전 과제는 인공지능의 혜택이 공평하게 분배되도록 하고, 기술 발전이 기존의 권력 불균형을 심화시키지 않도록 하는 것이다. 소수의 특권층만이 가장 강력한 인공지능 도구와 플랫폼에 접근할 수 있게 된다면 '인공지능 격차'가 발생할 위험이 있다. 이는 인공지능 강국과 기업에 경제적, 정치적 권력이 집중되는 반면 다른 이들은 뒤처지는 상황으로 이어질 수 있다. 이를 방지하기 위해서는 인공지능 기술에 대한 접근성을 높이고 포용적 혁신을 촉진하는 정책이 필요하다. 소외계층에게 도움이 되는 분야에 대한 인공지능 연구개발에 공적 투자를 확대하는 것이 한 방안이 될 수 있다. 다양한 인재들이 인공지능 분야로 유입될 수 있도록 관련 교육과 훈련 프로그램을 지원하는 것도 중요하다. 글로벌 인공지능 질서가 파편화되는 것을 막고, 인류 전체의 이익에 부합하는 방향으로 기술이 발전할 수 있도록 국제 협력 체계를 갖추는 것도 필수적이다.

인공지능 시스템이 고도화되면서, 인간의 행위주체성과 통제력의 미래에 관한 근본적인 질문에도 직면하게 된다. 일부 전문가들은 인공지능이 비의도적 사고나 의도적 설계에 의해 인류에 실존적 위협을 가할 만큼 강력해질 수 있다고 경고한다. 그런 상황이 벌어질 가능성에 대해서는 의견이 엇갈리지만, 지능을 가진 기계와 인간의 관계에 대한 심오한 윤리적, 철학적 질문을 던지고 있는 것만은 분명하다. 이 험난한 미지의 영역을 항해하기 위해서는 인공지능 거버넌스와 통제를 위한 새로운 체계가 마련되어야 한다. 국제조약과 기구를 통해 인공지능 개발을 조율하고 무분별한 군비경쟁을 방지하는 것이 그 시작이 될 수 있다. 재산권, 법적 권리능력 개념 등을 인공지능의 맥락에서 재정립하는 작업도 병행되어야 한다. 궁극적으로는 인공지능이 인류를 지배하는 것이 아니라 인류에게 힘을 실어주는 미래상을 만들어 가는 것이 우리의 목표가 되어야 할 것이다.

인공지능이 제기하는 법제도적 난제의 규모는 엄청나지만 결코 극복할 수 없는 것은 아니다. 책임성, 프라이버시, 공정성, 통제력 문제에 선제적으로 대응함으로써 인권이 존중되고 공공선이 증진되는 가운데 인공지능이 발전할 수 있는 토대를 마련할 수 있다. 이를 위해서는 입법자, 윤리학자, 기술전문가, 시민사회가 힘을 모아 협력하는 것이 무엇보다 중요하다. 지금 이 순간의 선택이 그 어느 때보다 중요한 이유가 여기에 있다. 인공지능은 질병 극복, 기후변화 대응 등 인류가 직면한 가장 큰 도전과제들을 해결할 수 있는 잠재력을 가지고 있다. 하지만 동시에 불평등과 부조리를 확대재생산할 위험성도 안고 있다. 앞으로 우리가 내리는 선택이 인공지능의 미래 궤적을 규정지을 것이다. 공유된 가치관을 지키고, 모두를 위한 따뜻한 미래를 만들겠다는 비전을 가지고 현명한 선택을 해나가야 할 때다. 신중함과 혜안, 협력의 자세로 인간과 지능기계가 서로를 억압하지 않고 더 나은 내일을 함께 만들어가는 세상. 우리가 만들어갈 미래의 모습이다.

AI 거버넌스와 윤리 정립

인공지능 기술이 우리 삶의 곳곳에 스며들면서, 그 발전과 활용을 우연에 맡겨둘 수 없다는 것이 분명해지고 있다. AI의 변혁적 잠재력은 통제되지 않을 경우 야기할 수 있는 위험만큼이나 크다. AI는 산업을 혁신하고, 사회를 재편하며, 인간의 의미를 재정의할 수 있는 엄청난 힘을 가진 도구이다. 하지만 큰 힘에는 큰 책임이 따르며, AI가 소수가 아닌 모두의 이익을 위해 활용되도록 하는 것이 우리의 공동 의무이다. 이러한 도전과제에 대응하기 위해서는 효과적인 AI 거버넌스와 윤리 체계가 확립되어야 한다. 그 핵심에는 몇 가지 주요 원칙이 자리잡고 있어야 한다. 이는 단순한 학문적 고찰이나 선택사항이 아니라, AI를 정상 궤도에 유지하고 인간의 가치에 부합하도록 하는 필수 가드레일이다. 견고한 거버넌스 프레임워크와 윤리 원칙이 없다면 AI는 선이 아닌 해악의 힘이 될 위험이 있으며, 기존의 불평등을 악화시키고 프라이버시를 침해하며 민주주의의 근간을 무너뜨릴 수 있다. 최근에는 EU의 AI 법안, 미국의 AI 권리장전 등 AI 기술 규제를 위한 국제적 노력도 본격화되고 있다. 프라이버시, 투명성, 책임성 등의 원칙을 법제화하여 AI의 윤리적이고 안전한 개발과 활용을 도모하려는 움직임이 활발하다.

효과적인 AI 거버넌스와 윤리 체계의 핵심에는 몇 가지 주요 원칙이 자리잡고 있어야 한다. 무엇보다도 투명성이 중요한데, 이는 AI 시스템이 설명 가능해야 하고 의사결정 과정이 공개되어야 함을 의미한다. 우리는 어떻게 결정이 내려지는지 통찰력 없이 블랙박스 알고리즘이 인생을 좌우하는 결정을 내리는 것을 받아들일 수 없다. 투명성과 밀접한 관련이 있는 것이 공정성과 비차별의 원칙이다. AI 시스템은 인종, 성별, 나이 등 보호 특성에 근거한 편견이나 차별 없이 모든 개인을 동등하게 대우해야 한다. 기존의 힘의 불균형을 고착화하는 것이 아니라, 포용성과 형평성을 증진하는 방식으로 설계되고 배치되어야 한다. 책임성 또한 AI 거버넌스의 또 다른 핵심 기둥이다. AI 시스템에 대한 명확한 책임 소재가 있어야 하며, 문제가 발생했을 때 책임자에게 책임을 물을 수 있는 견고한 메커니즘이 마련되어야 한다. 이는 AI의 빠른 발전 속도를 따라잡을 수 있는 법적, 규제적 프레임워크와 지속적인 감독과 지침을 제공할 수 있는 AI 윤리위원회와 같은 조직 구조를 갖추는 것을 의미한다. 한편, AI 시스템이 방대한 개인정보를 다루게 되면서 프라이버시 보호에 대한 우려도 높아지고 있다. 투명성과 책임성 확보를 위한 제도적 장치 마련이 시급한 과제로 떠오르고 있다. 이러한 시스템이 방대한 개인정보를 수집하고 분석하는 데 점점 더 능숙해짐에 따라, 개인의 기본적인 프라이버시권이 보장되는 것이 필수적이다. 이는 데이터가 투명하고 안전하며 개인의 자율성을 존중하는 방식으로 수집, 사용, 저장되도록 하는 것을 의미한다.

마지막으로, AI 시스템에 대한 인간의 통제권을 유지해야 한다. AI는 수많은 방식으로 인간의 능력을 증강하고 향상시킬 잠재력을 가지고 있지만, 인간의 의사결정을 완전히 대체하도록 허용되어서는 안 된다. 필요할 때 개입하여 AI 시스템을 무시할 수 있는 인간이 항상 고리 안에 있어야 한다. 그러나 이러한 원칙을 실제로 구현하는 것은 결코 쉬운 일이 아니다. 눈부신 기술 변화의 속도에서부터 AI를 규제하는 국가별 법률과 규정의 조각보에 이르기까지 극복해야 할 상당한 도전과제가 있다. 책임감 있는 개발의 필요성과 혁신의 필요성 사이에서 균형을 잡는 것은 섬세한 줄타기와 같다. 하지만 우리는 반드시 이 길을 걸어야 한다. 그 이유는 위험 부담이 그 어느 때보다 높기 때문이다. 지금 우리가 AI를 어떻게 통제하고 배치할 것인지에 대해 내리는 선택은 앞으로 몇 세대에 걸쳐 인류의 역사 흐름을 형성할 것이다. 우리는 이 과제에 최대한의 진지함과 시급성을 가지고 접근해야 하며, 국경과 부문을 초월하여 AI의 윤리적이고 책임감 있는 발전에 대한 전 세계적 합의를 도출하기 위해 노력해야 한다. 이를 위해서는 전례 없는 수준의 국제 협력과 조정이 필요할 것이며, 정부, 기업, 시민사회단체, 일반 시민이 AI의 항로를 설정하기 위한 공동 노력에 동참해야 한다. AI의 영향과 함의에 대한 이해를 심화하기 위한 지속적인 연구개발 투자가 요구될 것이다. 그리고 개인이 AI 기반 미래를 형성하는 토론과 결정에 의미 있게 참여할 수 있도록 공공 참여와 교육을 위한 노력이 필요할 것이다. 앞으로 가야 할 길은 멀고 도전과제는 많지만, 그 목적지는 여정의 가치가 있다. AI에 대한 강력한 거버넌스 프레임워크와 윤리 원칙을 마련함으로써, 우리는 모두를 위한 더 나은 세상, 더 공정하고 지속가능한 세상을 만들기 위해 AI의 방대한 잠재력을 열어젖힐 수 있다. AI 시대는 우리에게 다가왔다. 이 시대가 위험이 아닌 희망의 시대가 되도록 하는 것은 우리에게 달려 있다.

AI로 더 나은 세상을 위하여

인공지능은 우리 삶의 다양한 영역에 변화의 바람을 일으키고 있다. 환경 문제 해결, 보건의료 혁신, 재난 대응력 강화, 교육 격차 해소, 그리고 사회 복지 증진에 이르기까지, AI 기술은 전례 없는 기회를 제공하고 있다. 이 기술의 잠재력을 최대한 활용하여 더 나은 미래를 만드는 것이 우리의 과제다.

환경 분야에서 AI는 기후변화 대응, 자원 관리 최적화, 지속가능한 산업 관행 촉진에 크게 기여할 수 있다. AI 알고리즘은 방대한 양의 기후 데이터와 환경 요인을 분석하여 미래 기후 추세를 예측하고, 이를 바탕으로 정부와 기업이 대비책을 마련할 수 있도록 돕는다. 에너지 사용량을 최적화하여 탄소 배출량을 줄이고, 농업 분야에서는 토양, 날씨,

작물 수확량 등의 데이터를 실시간으로 분석해 농민들에게 물 사용량 조절, 비료 사용, 병충해 방제 등을 조언한다. 이를 통해 수확량은 늘리고 물 사용량과 농약 사용량은 줄일 수 있게 된다. 폐기물 관리에서도 AI는 쓰레기통과 처리시설, 수거 차량에 부착된 센서 데이터를 분석하여 수거 경로를 최적화하고, 운송 과정의 탄소 배출량을 줄이며, 폐기물 분리 및 재활용을 개선할 수 있다.

의료 분야의 AI 활용도 주목할 만하다. 원격진료와 가상 상담을 통해 의료 서비스 접근성을 높이고, 개인 맞춤형 치료를 제공할 수 있다. AI는 환자의 의료기록, 유전정보, 생활습관 등 방대한 데이터를 분석하여 개인별 치료 계획을 수립하는 데 도움을 준다. 또한 만성질환의 조기 징후를 포착하고 예방적 조치를 제안함으로써 질병 예측과 예방 능력을 높인다. 뿐만 아니라 진료 일정 관리, 환자 기록 관리, 보험금 청구 등 행정 업무를 자동화하여 의료 서비스의 효율성도 크게 개선할 수 있다.

재난 관리에서도 AI의 역할이 점점 커지고 있다. 머신러닝과 예측 분석 기술을 활용하면 자연재해 발생 가능성과 피해 규모를 미리 예측하고 대비할 수 있다. 소셜미디어 데이터와 위성 영상을 실시간으로 분석하여 재난 상황을 신속히 파악하고, 구호 활동에 필요한 자원을 효율적으로 배분할 수 있다. AI 기반의 최적화 알고리즘은 긴급 대응 과정에서 구호 활동의 효과를 극대화하는 데에도 큰 도움이 된다.

교육과 직업 훈련 분야에서 AI는 개인화 학습과 교육 격차 해소에 기여할 수 있다. 학습 분석 기술을 활용하면 학생 개개인의 학습 패턴과 성취도를 파악하여 맞춤형 교육 콘텐츠와 학습 경로를 제공할 수 있다. 온라인 학습 플랫폼은 시공간의 제약 없이 양질의 교육 기회를 제공함으로써 교육의 접근성을 높인다. 특히 교육 소외 계층이나 교육 환경이 열악한 지역의 학생들에게 균등한 교육 기회를 제공하는 데 AI 기술이 큰 역할을 할 수 있다.

AI는 사회 복지와 형평성 문제 해결에도 기여할 수 있다. 방대한 데이터를 분석하여 자원 배분의 우선순위를 정하고, 복지 사각지대를 파악하며, 사회 불평등 해소를 위한 정책 수립에 필요한 통찰을 제공한다. 데이터 기반의 의사결정은 복지 정책의 효과성을 높이고, 형평성 있는 자원 배분을 가능하게 한다. 나아가 AI는 사회적 차별의 패턴을 파악하고 이를 해소하기 위한 노력을 뒷받침할 수 있다. 이처럼 AI 기술은 우리 사회가 직면한 다양한 문제를 해결하고 더 나은 미래를 만드는 데 큰 역할을 할 것으로 기대된다. 하지만 이 기술을 활용함에 있어 윤리적 고려와 사회적 책임이 뒤따라야 한다. AI 시스템의 개발과 배치 과정에서 투명성, 책임성, 공정성의 원칙이 지켜져야 한다. 기술 혁신이 초래할 수 있는 부작용을 최소화하고 그 혜택이 모든 이들에게 골고루 돌아갈 수 있도록 노력해야 한다. 우리는 지금 AI 기술이 가져올 변화의 물결 앞에 서 있다. 기술에 대한 이해와 통찰, 그리고 사회 전체를 아우르는 공감의 자세로 새로운 기회와 도전이 공존하는 이 길을 지혜롭게 헤쳐나가야 한다.

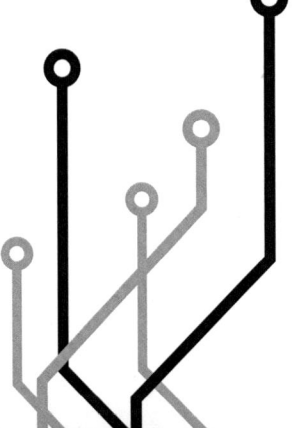

7장
미래를 향한 도전과 기회

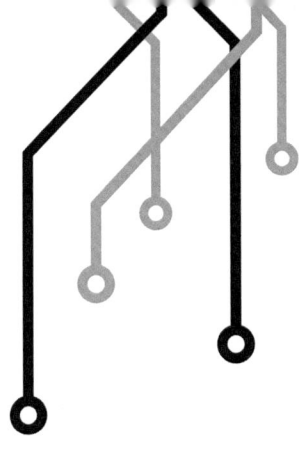

인공지능의 혁명은 먼 미래의 이야기가 아니다. 지금 이 순간에도 우리 주변 곳곳에서 벌어지고 있다. GPT-3, ChatGPT 등 언어모델의 비약적 발전으로 AI는 이제 일상 대화와 창의적 글쓰기 영역에서도 눈부신 성과를 보여주고 있다. 다양한 분야의 전문 지식을 활용해 사용자와 실시간으로 소통하며 개인화된 서비스를 제공하는 AI 기반 챗봇과 글쓰기 도우미 등이 빠르게 상용화되고 있다. 주머니 속 스마트폰부터 도로 위 자율주행차에 이르기까지 인공지능은 이미 우리의 삶의 방식을 송두리째 바꾸어 놓고 있다. 하지만 모든 혁명적 기술의 변화가 그렇듯 인공지능의 발전은 광대한 기회와 두려운 도전을 동시에 안겨준다. 이 험난한 미지의 길을 헤쳐 나가기 위해서는 두려움과 거부감이 아닌 호기심과 적응력, 그리고 인공지능의 힘을 최대한 활용하려는 의지가 필요하다.

변화를 받아들이는 일은 성장 마인드를 가지는 것에서 시작한다. 인공지능을 일자리와 삶의 방식을 위협하는 존재로 여기기보다는 학습과 혁신, 발전의 기회로 바라봐야 한다. 새로운 아이디어에 열려 있고, 위험을 감수하며, 실패를 성공으로 가는 디딤돌로 여기는 것이다. 목적지뿐 아니라 끊임없이 배우고 발전하는 과정 자체에 집중하는 것이다. 성장 마인드로 무장하면 우리는 회복탄력성과 민첩성을 갖추고 기술과 함께 진화해 나갈 수 있다. 물론 인공지능 시대에 적응하는 것은 단지 마음가짐의 문제만은 아니다. 역량의 문제이기도 하다. 기계가 과거 인간만의 영역이었던 일들을 점점 더 많이 수행하게 되면서, 인간만이 가진 고유한 능력을 찾아내고 키워내는 일이 그 어느 때보다 중요해졌다. 창의력, 감성 지능, 비판적 사고, 복합적 문제해결 능력 등 고차원적 인지 및 대인 관계 역량에 집중해야 인공지능 시대에서 경쟁력을 갖출 수 있다.

미래의 핵심 역량을 찾아내는 것도 중요하지만, 평생학습과 적응력의 자세 역시 필수적이다. 한 번 습득한 학위나 기술로 평생 먹고살 수 있던 시대는 지났다. 인공지능 시대의 변화 속도는 너무나 빠르고 그 충격의 범위는 광대하기 때문이다. 살아남기 위해서는 대학 교육이나 직장 내 훈련, 자기주도 학습 등 다양한 방식으로 끊임없이 배워야 한다. 상황에 따라 빠르게 방향을 틀고 새로운 분야의 지식과 기술을 습득하며 스스로를 재발명할 준비가 되어 있어야 한다. 이 새로운 세상을 항해하면서 우리는 인공지능 기술의 윤리 기준과 규제 정립에도 적극 참여해야 한다. 통제 없이 내버려 둘 경우 인공지능은 기존의 불평등을 악화시키고 프라이버시를 침해하며 인류에게 실존적 위험을 초래할 수 있다. 개발자, 정책입안자, 시민으로서 우리는 인공지능이 공동선을 위해 우리의 가치관에 부합하는 방식으로 개발되고 활용되도록 힘써야 한다. 인공지능의 위험성과 편익에 대해 솔직하고 개방적인 대화를 나누고 책임감 있는 혁신을 위해 협력해야 한다.

결국 인공지능 시대에 성공하는 핵심은 이 강력한 기술의 잠재력을 인간의 능력 확장과 강화에 활용하는 데 있다. 인공지능을 인간 지능을 대체하는 존재로 보기보다는 복잡한 문제 해결과 과학적 발견, 삶의 질 향상에 기여하는 강력한 도구로 인식해야 한다. 보건의료부터 교육, 기후변화, 빈곤 퇴치에 이르기까지 인공지능은 오늘날 인류가 직면한 가장 큰 도전과제들에 대한 해법의 실마리를 제공해줄 것이다. 하지만 이 잠재력을 실현하기 위해서는 기술적 역량 이상의 것이 필요하다. 인간과 기계의 관계에 대한 근본적인 사고의 전환이 요구된다. 인간의 우월성을 위협하는 존재로서의 인공지능이라는 좁은 시각에서 벗어나 더욱 협력적이고 공생적인 관계를 받아들여야 한다. 인공지능 시스템과 함께 일하면서 그것의 강점을 활용한다면 우리는 이전에는 상상조차 할 수 없었던 혁신을 이뤄낼 수 있고, 인간과 기계 모두 번영할 수 있는 미래를 만들어 갈 수 있다. 물론 앞으로의 길이 순탄치만은 않을 것이다. 인공지능의 혁명은 필연적으로 혼란과 일자리 감소, 불확실성을 동반할 것이다. 승자와 패자가 갈릴 것이고 많은 이에게 고통스러운 과도기가 될 것이다. 하지만 이 시기를 연민과 배려, 공동선에 대한 헌신의 자세로 맞선다면 우리는 더욱 강하고 현명하게 성장하여 다가올 도전에 맞설 수 있을 것이다.

인공지능의 시대, 우리는 수동적 관찰자나 불평불만하는 채택자 그 이상이 되어야 한다. 적극적으로 참여하고, 신중하게 혁신하며, 이 혁명적 기술을 연민의 마음으로 관리하는 사람이 되어야 한다. 우리가 지닌 인간성의 모든 것, 창의성과 공감, 지혜를 총동원해 우리의 가장 깊은 가치관과 열망을 반영하는 인공지능의 미래를 만들어가야 한다.

AI와 인간의 공존을 위하여

인공지능의 눈부신 발전이 인류의 일상을 빠르게 변화시키고 있다. 이제 AI는 단순히 미래의 기술이 아닌, 우리 삶의 일부가 되어가고 있다. 하지만 AI의 발전 속도만큼이나 그에 따른 사회적 영향과 우려도 커지고 있는 것이 사실이다. 일자리 대체, 프라이버시 침해, 알고리즘 편향성 등 AI가 가져올 부작용에 대한 경계의 목소리도 나오고 있다. 이러한 상황 속에서 우리는 근본적인 질문을 던져 보아야 한다. AI 시대에 인간만의 고유한 가치는 무엇일까? 어떻게 하면 기술의 발전 속에서도 인간의 존엄성을 지켜나갈 수 있을까? 결국 AI의 궁극적 목적은 인간의 삶을 더 나은 방향으로 이끄는 것이어야 한다. 효율성과 편의성을 넘어, 인간다운 삶을 영위하고 가치 있는 일에 몰두할 수 있도록 기술이 기여해야 한다. 이를 위해서는 무엇보다 인간 고유의 능력을 계발하고 강화하는 일이 중요하다. 창의력, 공감 능력, 윤리 의식 등 기계가 대체할 수 없는 인간만의 역량을 꽃피워 나가야 한다. 동시에 AI 기술 개발에 있어서도 사람을 중심에 두는 윤리 원칙이 확립되어야 한다. 기술의 혜택이 모두에게 골고루 돌아갈 수 있도록, 그 과정에서 소외되는 계층이 없도록 세심한 정책적 배려도 필요하다. 무엇보다 인간과 AI의 조화로운 공존을 위해서는 교육의 변화가 필수적이다. 단순 지식 전달이 아닌, AI 시대에 필요한 핵심 역량을 기르는 혁신 교육으로의 패러다임 전환이 시급하다. 코딩, 데이터 리터러시 등 디지털 역량뿐 아니라 창의력, 문제해결력, 소통 능력, 인성 함양 등에 방점을 둔 교육이 이뤄져야 한다. AI와 협업할 수 있는 인재, AI를 현명하게 활용할 수 있는 인재를 길러내는 일이 무엇보다 중요하다. 또한 평생교육 체계를 통해 누구나, 언제든 필요한 역량을 갖출 수 있도록 교육 기회를 확대해야 한다. 기술의 발전 속도가 더욱 빨라지는 AI 시대에는 변화에 발맞춰 지속적으로 학습하고 성장하는 자세가 필수적이다. 새로운 지식과 기술을 끊임없이 배우고 자신의 것으로 체화시키는 일, 이것이 바로 AI 시대를 주도적으로 헤쳐 나가는 핵심 역량이 될 것이다. 무엇보다 AI라는 강력한 기술을 어떤 방향으로 활용할지에 대한 사회적 합의와 윤리적 규범 정립이 시급하다. 학계, 산업계, 시민사회 등 다양한 이해관계자들이 머리를 맞대고 AI의 윤리 기준과 거버넌스 체계를 만들어가야 한다. 기술 개발에만 매몰되지 않고, 그 과정에서 공정성, 투명성, 포용성의 가치를 견지하는 것이 중요하다. 책임감 있는 AI, 신뢰할 수 있는 AI로의 발전을 도모하는 것은 우리 모두의 과제이다.

AI로 열리는 새로운 비즈니스

인공지능 시대가 열리며 새로운 시장과 비즈니스의 기회가 속속 등장하고 있다. 이는 마치 산업혁명이 사회를 근본적으로 변화시켰듯이, 인공지능 기술이 우리의 삶과 일하는 방식에 혁신을 가져올 것임을 예고한다. 인공지능은 단순히 기존 산업을 자동화하는 데 그치지 않고, 전에는 상상하기 어려웠던 신생 시장을 창출하며 무한한 잠재력을 드러내고 있다.

교육 분야에서는 인공지능 기반의 맞춤형 학습이 크게 주목받고 있다. 지금까지의 교육은 학생 개개인의 특성과 관계없이 모두에게 동일한 내용을 일률적으로 가르치는 방식이었다. 하지만 인공지능은 빅데이터 분석을 통해 학습자 개인의 강점과 약점, 학습 스타일을 파악하고 그에 맞는 최적화된 학습 경험을 제공할 수 있게 되었다. 학생들은 마치 개인 교사와 함께 공부하듯 자신에게 맞춤화된 학습 콘텐츠와 피드백을 받으며 효과적으로 학습할 수 있게 된 것이다. 뿐만 아니라 개인의 관심사와 재능을 발견하고 진로를 탐색하는 데에도 인공지능 기술이 도움을 줄 수 있다. 인공지능 맞춤 교육은 단순히 성적 향상을 넘어, 학습자가 미처 인지하지 못했던 잠재력과 가능성을 일깨우는 나침반 역할을 할 것으로 기대된다. 이처럼 인공지능은 개개인의 잠재력을 최대치로 끌어올리는 혁신적인 교육 솔루션으로 자리매김할 전망이다.

제조업에서는 인공지능을 활용한 예지 정비 predictive maintenance가 새로운 비즈니스 모델로 급부상하고 있다. 공장 가동이 멈추는 것은 생산 차질과 막대한 비용 손실로 직결된다. 이에 센서 데이터와 고장 이력을 분석해 설비 고장을 미리 예측하고 대비하는 인공지능 기술이 각광받고 있다. 방대한 데이터에서 이상 징후나 패턴을 포착해 고장 가능성을 사전에 예측함으로써 계획에 없던 가동 중단을 획기적으로 줄일 수 있게 된 것이다.

예지 정비는 비용 절감뿐 아니라 안전사고 예방, 설비 수명 연장, 제품 품질 향상 등 다방면에서 효과를 발휘한다. 앞으로 센서와 사물인터넷 기술이 고도화되고 축적되는 데이터가 많아질수록 인공지능 기반의 예지 정비 시스템은 더욱 정교해지고 그 적용 범위도 확대될 것이다. 이는 제조 현장의 게임 체인저로서 업계의 판도를 크게 바꿀 것으로 예상된다. 한편, 인공지능은 그동안 사람의 고유 영역으로 여겨졌던 창작 분야에서도 새 지평을 열고 있다. 방대한 데이터베이스 학습을 통해 인공지능은 이제 음악이나 디자인 영역에서도 제법 훌륭한 창작물을 선보이고 있다. 작곡가에게 영감을 주고 디자이너의 아이디어를 확장시켜 주는 등 인간 창작자와의 협업도 활발하다.

이제 인공지능은 인간의 창의성을 대체하기보다 이를 배가시키고 고양하는 역할을 하고 있다. 빅데이터를 창의적으로 조합하고 분석하는 인공지능의 능력은 예술가들에게 무궁무진한 영감의 원천이 되고 있다. 게다가 사용자 데이터를 활용해 취향을 분석하고 맞춤형 콘텐츠를 제안하는 등 수요자 중심의 참신한 서비스도 속속 등장하고 있다. 창작자와 인공지능의 협업, 그리고 사용자 데이터를 기반으로 한 새로운 비즈니스 모델이 예술 산업에 활력을 불어넣을 것으로 기대된다. 이 외에도 의료, 금융, 교통 등 다양한 분야에서 인공지능을 활용한 혁신적 서비스가 잇따르고 있다. 방대한 의료 데이터 분석을 통한 질병 예측과 신약 개발, 로보어드바이저를 통한 자산관리, 인공지능 기반 교통 최적화 등 그 활용 범위는 무궁무진하다. 앞으로 기술이 고도화되고 데이터가 축적될수록 인공지능은 더 많은 영역에서 혁신을 이끌 것이다. 물론 인공지능이 가져올 변화에는 윤리적, 사회적 문제도 뒤따른다. 데이터 프라이버시, 알고리즘 편향성, 일자리 대체 등에 관한 우려가 제기되고 있다. 새로운 기술이 가진 위험 요소를 최소화하고 그 혜택이 모두에게 골고루 돌아가도록 하기 위한 사회적 제도와 규범 정립이 시급하다. 우리는 인공지능의 부작용을 최소화하면서 그 가치를 극대화하기 위해 지혜를 모아야 한다. 분명한 사실은 인공지능의 발전으로 그 어느 때보다 많은 기회가 창출되고 있다는 점이다. 전에는 상상하기 어려웠던 신생 시장과 비즈니스 모델이 속속 등장하고, 이는 경제 성장의 신동력이 되고 있다. 또한 기존 산업 내에서도 인공지능을 활용한 프로세스 혁신과 효율성 제고가 활발히 이뤄지고 있다. 이는 장기적으로 기업의 생산성 향상과 경쟁력 강화로 이어질 전망이다. 무엇보다 주목할 점은, 앞으로 인공지능이 일자리를 단순히 대체하는 것이 아니라 인간과의 협업을 통해 시너지를 발휘할 것이라는 사실이다. 인간만이 가진 창의력, 감성지능, 문제 해결 능력 등은 인공지능 시대에 더욱 빛을 발할 것이다. 중요한 것은 인공지능 시대를 올바로 이해하고 적극적으로 준비하는 자세다. 변화하는 직업 지형에 맞는 역량을 갖추고 평생학습하는 태도가 무엇보다 필요하다.

AI와 국가 경쟁력의 미래

인공지능의 급속한 발전으로 국가경쟁력의 지형이 빠르게 재편되고 있다. 이제 한 국가의 인공지능 경쟁력이 곧 국가경쟁력을 좌우하는 시대가 도래했다. 우리는 인공지능 강국으로 도약하기 위해 전략적이고 체계적인 대응방안을 모색해야 할 때이다. 인공지능은 제조업, 농업, 의료, 금융, 유통, 교육, 교통 등 전 산업 분야에 걸쳐 생산성과 효율성을 극대화하고 있다. 스마트 팩토리에서는 인공지능이 생산 라인을 최적화하고 불량을 예방하며, 인공지능 기반의 정밀농업은 수확량을 높이고 자원 낭비를 최소화한다. 의료 분야에서는 인공지능이 조기 진단의 정확도를 높이고 맞춤형 치료를 가능케 하며, 금융권에서는 사기 탐지와 리스크 관리에 인공지능이 활약하고 있다. 이처럼 인공지능은 산업 전반의 혁신을 주도하며 국가의 장기적 경제 성장과 번영에 기여하고 있다.

인공지능 강국으로 발돋움하기 위해서는 무엇보다 인재 육성과 연구개발에 적극 투자해야 한다. 인공지능 교육과정을 학교와 대학에 도입하고, 인재 양성을 위한 장학금과 연구비 지원을 확대해야 한다. 또한 학계, 산업계, 정부가 협력하는 인공지능 연구소와 혁신 클러스터를 조성하여 기술 혁신을 가속화해야 한다. 인공지능 연구개발에 필요한 고성능 컴퓨팅, 데이터센터, 클라우드 서비스 등 인프라 구축에도 적극 나서야 한다. 창업 지원과 세제 혜택, 규제 개선 등을 통해 인공지능 스타트업 생태계를 활성화하고 일자리 창출을 견인해야 한다. 각국이 인공지능 패권을 놓고 치열하게 경쟁하는 가운데, 국제 협력과 경쟁의 역학관계도 복잡하게 전개되고 있다. 인공지능 연구의 협력적 발전을 위한 국제 공조도 중요하지만, 경제적, 지정학적, 국가 안보적 차원에서 주도권 경쟁도 뜨겁다. 각국 정부와 기업, 대학이 전략적 파트너십을 맺고 인재와 자원을 결집하는 한편, 자국의 인공지능 국가전략을 수립하고 인공지능 강군 육성에 박차를 가하고 있다. 이 경쟁의 향방은 연구역량, 자원 동원력, 실용화 능력 등에 달려 있을 것이다.

인공지능은 국가 안보와도 밀접하게 연관되어 있어 거버넌스 체계 정립이 시급하다. 데이터 활용과 프라이버시 보호, 책임성과 투명성 확보 등을 아우르는 인공지능 윤리 기준과 규범, 정책을 수립해야 한다. 특히 국가 안보 분야에서는 방대한 민감 정보를 다루는 만큼 데이터 보안이 최우선 과제이다. 인공지능을 활용한 위협 탐지와 대응도 강화해야 하지만, 프라이버시 침해 등 부작용도 경계해야 한다. 인공지능의 윤리적이고 책임감 있는 활용을 보장하는 규범과 감독 체계가 시급히 마련되어야 할 것이다.

인공지능 강국의 핵심 요소는 첨단 인프라 구축과 기술 도입 촉진에 있다. 대규모 데이터 처리와 첨단 알고리즘 개발에 필수적인 슈퍼컴퓨터와 데이터센터, 클라우드 환경을 갖추는 것이 급선무이다. 기업의 인공지능 기술 투자와 인력 확보를 장려하기 위한 세제 지원과 보조금 정책, 인공지능 활용 교육도 병행되어야 한다. 이를 통해 인공지능 기반의 생산성 향상과 혁신, 새로운 비즈니스 창출을 이끌어 낼 수 있을 것이다.

AI 시대의 리더십

인공지능 기술의 발전은 우리에게 새로운 도전과 기회를 동시에 제시하고 있다. 특히 AI 시대의 리더십은 기술적 혁신을 주도하는 동시에 인간 중심의 가치를 견지하는 균형 잡힌 시각과 역량을 요구한다. 먼저 AI 리더는 명확한 비전과 전략을 수립해야 한다. 단순히 AI 기술을 도입하는 것에 그치지 않고, 조직의 목표 달성에 AI를 어떻게 활용할 것인지 구체적인 방향을 제시할 수 있어야 한다. 이를 위해서는 데이터의 중요성을 깊이 이해하고, 적절한 기술을 선택하며, 혁신을 장려하는 조직문화를 조성하는 한편, AI의 성과를 측정하고 모니터링하는 역량이 필수적이다.

무엇보다 AI 리더십의 핵심은 확고한 윤리 원칙을 수립하고 실천하는 것이다. 광범위하게 받아들여지는 원칙에 기반한 윤리 프레임워크를 마련하고, 구성원 교육과 가이드라인 제공, 위반 사례 신고 시스템 등을 통해 조직 내 윤리적 AI 문화를 확산시켜야 한다. 아울러 알고리즘의 편향성 문제 해소, 데이터 프라이버시와 보안 강화, 이해관계자 간 협력 등 다각도로 윤리적 고려사항을 점검하고 보완해 나가는 노력이 요구된다. 또한 AI 리더는 빠르게 진화하는 AI 기술 발전 속도에 유연하게 적응할 수 있는 역량을 갖추어야 한다. 최신 AI 트렌드와 기술에 대한 꾸준한 학습, 새로운 도전에 대한 개방적 사고, 다양한 관점을 아우르는 통합적 접근, 변화하는 상황에 민첩하게 대응하는 적응력 등이 요구된다. 나아가 내외부 파트너십을 통한 협력, AI 인재 육성을 위한 체계적인 교육 프로그램 마련 등 조직의 AI 역량을 지속적으로 강화하기 위한 투자와 지원에도 힘써야 할 것이다. 아울러 AI 리더는 인간과 인공지능의 조화로운 협업을 위해 노력해야 한다. 업무에서 AI가 담당할 영역과 인간이 수행할 역할을 명확히 정의하고, 상호 피드백과 학습을 원활히 하는 소통 체계를 갖추며, 공유된 목표를 향해 협력하는 문화를 조성하는 것이 중요하다. 이 과정에서 데이터 보안과 AI 의사결정의 투명성 확보, 성공과 실패 사례로부터의 학습, 윤리적 이슈에 대한 민감성 제고 등이 뒷받침되어야 할 것이다. 나아가 AI 시대의 리더십은 급변하는 기술 환경 속에서 구성원들이 적응하고 역량을 발휘할 수 있도록 적극 지원하고 독려하는 역할을 수행해야 한다. 기존 역량 강화Upskilling와 새로운 역량 습득Reskilling을 위한 교육 기회와 자원을 제공하고, 끊임없는 학습의 문화를 장려하며, 개인의 성장 노력을 인정하고 보상하는 것이 무엇보다 중요하다. 이를 통해 변화에 주도적으로 대응하고 미래 환경에 적합한 인재를 육성함으로써 조직의 경쟁력을 높여갈 수 있을 것이다.

요컨대, AI 시대의 리더십은 기술적 통찰력과 비전, 확고한 윤리 의식, 유연한 적응력, 인간 중심의 협업 문화 조성, 인재 육성에 대한 투자 등 다양한 역량과 자질의 조화를 필요로 한다. 기술 혁신의 흐름을 읽으면서도 인간의 가치를 지켜내고, 구성원들을 균형있게 이끌며, 사회적 책임을 다하는 리더십이야말로 AI 시대를 성공적으로 헤쳐나가는 핵심 동력이 될 것이다.

AI와 지속가능한 발전

인공지능의 놀라운 발전은 눈 깜짝할 사이에 세상을 변화시키고 있다. 우리의 일상생활부터 일하는 방식, 자원 관리, 미래 계획에 이르기까지 인공지능은 이미 우리 삶의 모든 영역에 스며들었다. 지속 가능한 발전이라는 도전과제 앞에서 우리는 인공지능이라는 강력한 도구를 손에 쥐고 있다. 인공지능은 재생 에너지 시스템을 최적화하고, 에너지 효율성을 개선하며, 저탄소 경제로의 전환을 촉진하는 혁신적인 해법을 제시한다. 인공지능 알고리즘이 부지런히 일하는 모습을 상상해 보자. 실시간 기상 데이터와 에너지 생산량, 소비 패턴을 분석하여 에너지 수급을 예측하고 최적화한다. 태양광과 풍력 등 재생 에너지원이 전력망에 매끄럽게 연계되어 안정적이고 효율적인 전력 공급이 이뤄진다. 낭비는 최소화되고 지속 가능성의 향연이 펼쳐진다. 이 모든 것이 인공지능이라는 거장의 지휘 아래 이뤄지는 것이다. 인공지능의 영향력은 에너지 생산을 넘어 우리가 사는 도시와 산업 현장 곳곳으로 확장된다. 입주자의 생활 리듬에 맞춰 조명, 난방, 환기를 조절하는 스마트 빌딩을 상상해 보자. 인공지능 기반의 예측 정비와 공정 최적화로 에너지 낭비를 줄이고 효율을 높이는 공장을 그려본다. 이는 먼 미래의 상상이 아닌, 인공지능이 현실로 구현해낸 손에 잡히는 변화이다. 지속 가능한 미래를 향한 노력 속에서 인공지능은 변화의 촉매제로 떠오른다. 에너지 생산과 소비 패턴을 최적화하고, 온실가스 배출을 줄이며, 재생 에너지 사용을 확대하는 데 인공지능이 앞장선다. 화석연료에 대한 의존도를 낮추고 깨끗하고 재생 가능한 에너지 시대로 나아가는 여정, 인공지능이 그 길을 활짝 열어주고 있다.

 인공지능의 혁신은 먹거리 생산 시스템의 근간을 바꾸고 있다. 광활한 농경지에서 인공지능 기반의 정밀 농업이 한창이다. 위성과 드론,

각종 센서에서 수집한 데이터를 분석해 작물 건강, 토양 상태, 기후 변화를 꼼꼼히 살피는 인공지능 알고리즘들. 비료와 물, 농약 사용을 최적화하여 수확량은 늘리고 환경 영향은 최소화한다. 기술과 자연이 조화를 이루는 지속 가능한 농업, 인공지능이 그 미래의 설계자이다. 우리가 살아가는 도시에서 인공지능은 보이지 않는 설계자로 활약 중이다. 인구 증가와 교통 체증, 에너지 소비 등 방대한 도시 데이터를 분석하여 효율적이고 살기 좋은 지속 가능 도시를 설계한다. 최적 경로를 찾아 교통량을 분산하고 대중교통 수요를 예측하는 스마트 교통망, 에너지 수요를 예측하고 사용량을 최적화하는 자원 관리 시스템을 상상해 보자. 인공지능이 만들어갈 지속 가능한 도시의 모습이다. 기후 변화라는 인류 공통의 위기 앞에서 인공지능은 강력한 해법을 제시한다. 방대한 기후 데이터를 분석하여 기후 변화의 영향을 예측하고 적응 전략을 수립하는 일, 인공지능이 앞장서고 있다. 시간과의 싸움이지만 인공지능을 곁에 둔 우리에겐 현명한 선택을 할 힘이 있다. 결국 인공지능과 지속 가능한 발전의 이야기는 희망과 혁신, 회복탄력성에 관한 이야기이다. 기술과 인간의 창의성이 만나 시대적 도전과제를 해결해 나가는 과정인 셈이다.

인공지능은 재생 에너지 시스템의 예측과 최적화를 통해 에너지 효율을 높이고 전력망의 안정성을 확보한다. 수요와 공급을 실시간으로 예측하고 조절하여 재생 에너지를 효과적으로 연계하는 똑똑한 전력망, AI가 그 중심에 있다. 나아가 건물과 산업 현장의 에너지 사용 패턴을 분석하여 낭비 요소를 찾아내고 효율성을 크게 향상시킨다. 난방과 냉방, 조명을 입주자의 생활 패턴에 맞춰 자동 조절하는 AI 기반 건물 관리 시스템, 설비 고장을 미리 예측하고 공정을 최적화하는 AI 기반 산업 에너지 관리 솔루션이 대표적이다. 저탄소 경제로의 전환에도 인공지능의 기여가 돋보인다. 에너지 생산과 소비를 최적화하여 탄소 배출을 최소화하고 친환경 에너지원 사용을 촉진하는 것, AI가 이끄는 변화의 방향이다. 전기차 충전 패턴을 분석하여 최적의 충전 스케줄을 제안하고, 수송 수단 전반의 에너지 효율을 높여 탄소 배출량을 낮추는 일에도 AI가 앞장선다. 우리 먹거리의 근간인 농업 분야에서도 인공지능은 새로운 지평을 열고 있다. 위성 영상과 드론, 각종 센서에서 수집한 방대한 데이터를 분석하여 작물의 건강 상태와 토양 환경, 기후 변화를 예측하는 지능형 농업 시스템. 이를 통해 물과 비료, 농약 사용량을 최적화하여 수확량을 높이고 환경 영향을 최소화하는 정밀 농업이 현실로 다가오고 있다. 병해충 감지 시스템 역시 인공지능의 눈부신 활약상이다. 초기 병징을 포착해 신속한 대응을 가능케 함으로써 작물 손실을 막고 농약 사용을 최소화하는 것, AI가 이뤄낼 지속 가능한 농업혁명의 모습이다.

스마트 시티 설계와 관리에서도 인공지능은 빼놓을 수 없는 역할을 한다. 인구 증가와 교통량, 에너지 사용 패턴 등 도시의 방대한 데이터를 입체적으로 분석하여 최적의 도시 설계안을 도출하는 일, AI의 몫이다. 교통 혼잡을 최소화하고 삶의 질을 높이는 효율적인 도시 구조를 설계하는 데 인공지능이 힘을 보탠다. 실시간 교통 흐름을 분석하여 최적 경로를 제안하고, 차량 운행 패턴을 예측하여 대중교통 운영을 효율화하는 AI 기반 교통 관리 시스템. 에너지 수요를 정교하게 예측하고 사용량을 최적화하는 AI 기반 에너지 관리 플랫폼. 이 모든 것이 인공지능이 그려갈 지속 가능한 도시의 청사진이다.

인공지능은 도시 대기질 관리에도 큰 역할을 한다. 대기질 측정 데이터와 오염원, 기상 정보 등을 종합 분석하여 대기오염의 원인을 파악하고 개선 방안을 도출하는 일, AI가 도맡아 한다. 시민들의 실생활에 기반한 맞춤형 대기질 정보 제공과 행동 지침 안내 역시 AI의 중요한 역할이다. 대기오염 취약 계층을 정확히 파악하여 선제적 보호 조치를 마련하는 일에도 AI의 애널리틱스 능력이 큰 힘이 된다. 날로 심각해지는 기후변화 문제 앞에서도 인공지능은 중요한 열쇠를 쥐고 있다. 방대한 기후변화 데이터를 종합 분석하여 미래 영향을 시뮬레이션하고, 최적의 적응 및 완화 전략을 마련하는 일. AI의 정교한 분석과 예측 능력이 빛을 발하는 대목이다. 해수면 상승과 이상 기후 등 기후변화의 물리적 영향뿐 아니라 농업과 산업, 보건 등 사회경제적 영향까지 입체적으로 분석하여 선제적 대응책을 마련하는 일, AI와 인간의 협업으로 가능해질 것이다.

지속 가능한 발전을 위한 AI의 활약은 에너지와 농업, 도시를 넘어 사회 전반으로 확장된다. 의료 서비스 격차 해소를 위한 AI 기반 원격 진료 시스템, 맞춤형 교육 콘텐츠를 제공하는 AI 교육 플랫폼, 실시간 재난 예측과 대응을 지원하는 AI 재난관리 솔루션 등. 인공지능 기술은 지속가능발전목표 SDGs가 추구하는 모든 영역에서 혁신의 동력이 되고 있다. AI 기술은 기후변화 대응에도 핵심 역할을 하고 있다. 기상 데이터와 위성 영상 등을 분석해 이상 기후 현상을 조기에 감지하고, 자연재해로 인한 피해를 예측 및 경감하는 데 AI가 적극 활용되고 있다. 또한 탄소 배출량 모니터링, 에너지 효율 최적화, 친환경 기술 개발 등 기후 위기 대응의 전 영역에서 AI가 뒷받침하고 있다.

구글, 메타, 마이크로소프트 등 빅테크 기업들이 AI 기술 개발과 상용화에 박차를 가하면서 AI 경쟁이 새로운 국면을 맞이하고 있다. 클라우드 기반 AI 서비스 플랫폼 구축, 자연어 처리와 컴퓨터 비전 등 핵심 분야의 인재 확보, AI 스타트업 인수 등을 통해 시장 주도권을 확보하려는 치열한 각축전이 펼쳐지고 있다. 물론 인공지능의 힘을 사회적

선(善)을 위해 현명하게 활용하는 일은 우리 인간의 몫이다. 기술에 대한 경외심을 잃지 않되 그 가능성에 눈감아서는 안 된다. 인간을 위한, 인간에 의한 통제가 전제될 때 인공지능은 지속 가능한 미래의 든든한 후원자가 될 수 있을 것이다. 인공지능 개발 과정에서의 투명성과 포용성 확보, 편향과 차별 해소를 위한 지속적인 노력, 일자리 대체에 따른 사회안전망 확충 등 우리가 풀어야 할 과제도 만만치 않다.

당신의 미래 시나리오

인공지능 시대, 우리는 어떤 미래를 그리고 설계할 수 있을까? 기술의 급격한 발전 속에서 인간만의 고유한 가치를 발견하고 실현하는 것이 그 어느 때보다 중요해졌다. AI와 협업하며 더 나은 세상을 만들어 가는 지혜와 용기가 우리에게 필요한 시점이다.

과거를 돌아보면 산업혁명 이후 기술 발전은 언제나 일자리와 삶의 방식에 큰 변화를 가져왔다. 하지만 인간은 기술을 능동적으로 활용하며 새로운 기회를 창출해왔다. AI 시대도 마찬가지일 것이다. 일자리의 상당 부분이 자동화되겠지만, 인간만이 할 수 있는 일들이 새롭게 등장할 것이다. 창의력, 공감력, 문제해결력 등 인간 고유의 능력이 더욱 중요해질 것이다. 이러한 변화에 적응하기 위해 우리는 끊임없이 배우고 성장해야 한다. 단순 반복 업무보다는 복잡한 문제 해결과 혁신을 요구하는 일자리가 늘어날 것이기 때문이다. 평생학습의 자세로 새로운 기술을 익히고, 다양한 경험을 쌓아 유연한 사고력을 기를 필요가 있다. 이는 개인뿐 아니라 기업과 교육 시스템의 변화도 요구한다. 또한 AI 기술이 가진 잠재력을 사회적 문제 해결에 적극 활용하는 지혜가 필요하다. 교육, 의료, 환경 등 다양한 분야에서 AI는 혁신의 도구가 될 수 있다. 에너지 효율화, 질병 진단, 교통 체증 감소 등 AI로 달성할 수 있는 목표는 무궁무진하다. 공공 영역과 민간이 협력해 AI의 긍정적 활용을 모색해야 한다. 물론 AI가 프라이버시 침해, 불평등 심화 등 새로운 사회 문제를 야기할 수 있다는 우려도 있다. 기술 발전이 모두에게 혜택이 돌아가도록 하는 정책과 규범 마련이 시급하다. AI 알고리즘의 편향성과 차별 이슈에도 민감해질 필요가 있다. 기술 개발 못지않게 윤리적 규범 정립을 위한 사회적 논의가 활발히 이뤄져야 한다. AI의 책임 있는 개발과 활용을 위한 글로벌 공조도 강화되는 추세다. OECD는 신뢰할 수 있는 AI 원칙을 제시했고, UNESCO는 AI 윤리에 관한 첫 국제 규범 제정을 추진하고 있다. EU는 세계 최초로 AI 규제안을 마련해 위험 수준에 따른 차등 관리 체계를 구축하고 있다. 각국 정부 간 AI 협력을 위한 국제포럼도 지속 개최되고 있다.

긍정적 미래를 향한 실천은 개개인의 관심과 노력에서 시작된다.

평소 AI에 대해 궁금증을 갖고 올바른 정보를 습득하려 노력하자. 관련 정책 이슈에 관심을 갖고 사회적 토론에 참여하는 것도 중요하다. 이러한 노력은 AI의 책임 있는 개발과 활용을 뒷받침하는 토대가 될 것이다. 실제로 국제사회에서는 AI의 윤리적 규범 정립을 위한 공조가 한층 강화되는 추세다. OECD는 신뢰할 수 있는 AI 원칙을 제시했고, UNESCO는 AI 윤리에 관한 첫 국제 규범 제정을 추진하고 있다. EU는 세계 최초로 AI 규제안을 마련해 위험 수준에 따른 차등 관리 체계를 구축하고 있다. 이처럼 글로벌 차원의 협력이 확대되는 가운데, 우리 모두가 힘을 보탤 때 AI는 인류 공영에 기여하는 혁신 기술로 발전해 나갈 수 있을 것이다.

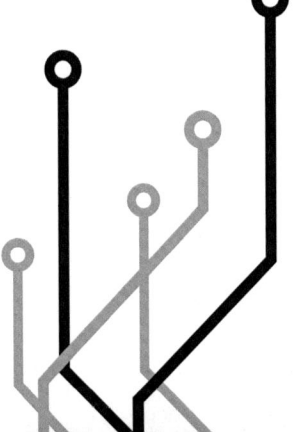

8장
AI 시대를 살아가는 우리에게

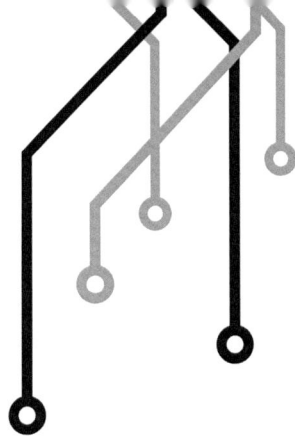

　인공지능의 급속한 발전은 단순히 기술의 진보를 넘어, 인류의 역사에서 중대한 전환점을 맞이하고 있음을 알려준다. 우리 인간에게 가치관을 재정립하고, 잠재력을 재고하며, 인간다움을 유지하는 미래로 나아갈 항로를 설정할 것을 요구하고 있다.

　지능형 기계의 시대에 오히려 인간 마음과 정신이 지닌 독특한 강점이 가장 중요해질 것이다. 인공지능이 놀라운 인지와 연산 능력을 발휘할지라도, 공감, 연민, 창의성, 지혜로 대표되는 인간만의 감성 지능은 여전히 우리를 차별화하는 요소로 남을 것이다. 자동화가 가속화되는 세상 속에서 이러한 인간적 자질의 중요성은 더욱 커질 것이다. 우리의 관계와 가정, 직장과 공동체에서 감성 지능이야말로 인공지능의 힘을 활용하면서도 인간성의 본질을 지켜나가게 해줄 것이다.

실제로 인공지능의 진정한 약속은 인간의 능력을 대체하는 데 있는 것이 아니라, 인류가 당면한 가장 시급한 도전 과제들을 함께 해결해 나가는 데 있다. 기후변화의 위협을 되돌리고 빈곤과 질병을 근절하는 데 있어, 인간과 기계 지능의 결합은 전례 없는 혁신의 잠재력을 품고 있다. 우리의 집단지성과 윤리의식을 결집한다면, 인공지능의 막대한 힘이 모두의 이익을 위해 사용되도록 보장할 수 있을 것이다.

동시에 인공지능의 발전은 의식, 자유의지, 실존적 의미에 대한 근본적 질문을 제기한다. 이는 철학뿐 아니라 우리 자신과 세계에서의 역할을 바라보는 관점에 중대한 영향을 미치는 문제들이다. 자연적 인지와 인공적 인지의 경계가 점점 더 모호해지면서, 오랜 정신의 신비를 새롭게 탐구하게 된다. 진정한 자의식이란 무엇인가? 알고리즘으로 결정되는 우주에서 자유의지는 환상에 불과한 것인가? 지능이 생물학으로부터 분리된 시대에 인간 삶의 의미와 가치를 어떻게 정의할 것인가?

이런 심오한 질문들에 대해 간단한 답은 없다. 그러나 한 가지 분명한 사실은 우리가 맞이할 미래는 오늘날 우리가 내리는 선택에 의해 결정될 것이라는 점이다. 인공지능 혁명에 대한 우리의 대응은 수동적 관찰자가 될 수 없으며, 적극적으로 관여하고 참여해야 한다. 정책 입안부터 대중 담론, 그리고 개개인의 일상적 결정에 이르기까지 우리 모두 윤리적 청지기 의식을 갖고 나서야 한다. 다가올 기술적 변화에는 위험 만큼이나 약속도 크다. 더 큰 번영, 눈부신 혁신, 확장된 인간 잠재력의 약속 말이다. 우리 앞에 놓인 과제는 그 약속을 붙잡으면서도, 우리를 인간답게 만드는 모든 것을 지켜내는 것이다. 최근 ChatGPT, GPT-4 등 대형 언어모델의 등장으로 AI는 일상적 대화와 창의적 작문 분야에서도 눈부신 성과를 보여주고 있다. 뿐만 아니라 Anthropic의 Claude, 구글의 Bard, 네이버의 HyperCLOVA 등 다양한 대화형 AI 모델들의 개발 경쟁도 치열하게 이뤄지고 있다. 이는 자연어 처리 기술의 비약적 발전을 보여주는 동시에, 일상 속 AI 활용이 더욱 가속화될 것임을 예고한다. 다양한 주제의 질문에 대해 인간과 자연스럽게 소통하고, 문맥을 이해하며 관련 지식을 총동원해 답변하는 AI의 모습은 미래에 대한 기대감을 한층 높이고 있다.

우리는 지금 흥분되면서도 두려운 새로운 미지의 세계 입구에 서 있다. 익숙한 해안을 떠나 아직 그려지지 않은 세상으로 항해를 떠났던 르네상스 시대의 탐험가들처럼, 용기 있고 원칙 있는 모험 정신이 우리의 나침반이 될 것이다. 우리의 가장 깊은 인간적 가치를 따라 미래로 나아가자. 우리가 도달하는 곳이 더 지능적인 기계만이 아니라, 보다 충만한 인간 번영이 꽃피는 곳이 되기를 희망하며. 미래는 우리의 상상과 의지로 만들어 나가야 할 영역이다. 우리의 가장 높은 열망과 가장 빛나는 희망을 담아 내는 미래를 만들어 나가자.

　인공지능 시대를 앞둔 우리에게 가장 필요한 것은 휴머니티의 회복과 재발견이 아닐까. 기술을 발전시켜온 근본 목적을 상기하며 인간다운 미래를 그려나가는 지혜 말이다. 인간의 한계를 뛰어넘는 도구의 발명은 결국 인간의 존엄과 번영을 위한 것이어야 한다. 우리가 마주한 선택의 갈림길에서 어떤 길을 택하든, 길잡이가 되어줄 것은 기술이 아닌 가치이다. 그 어느 때보다 인간성에 대한 진지한 성찰이 요구되는 시점이다. 급변하는 시대의 한가운데서 우리에게 불변하는 내적 자산이 있다면, 바로 마음의 힘일 것이다. 공감, 소통, 지혜, 창조성으로 무장한 우리만의 감성 지능은 어떤 기술 혁명의 파고 앞에서도 휩쓸리지 않을 것이다. 기계는 데이터와 알고리즘의 영역에서 승리를 거두겠지만, 인간관계와 윤리적 판단, 심미적 감수성의 영역은 언제나 우리의 몫으로 남을 것이다. 인공지능 시대의 바람 속에서 온전한 인간으로 우뚝 서기 위해 우리에게 필요한 것은 첨단 기술이 아닌, 내면으로부터 오는 힘이다.

　기술이 빠르게 발전할수록 인간의 가치는 더 귀하게 빛날 것이다. 그것이 바로 인공지능 시대를 기회로 만드는 희망의 씨앗이다. 지능적 기계들 속에서 오직 인간만이 만들어낼 수 있는 아름다움과 진실함을 잃지 말아야 한다. 그것을 잊은 채 맹목적으로 기술 발전을 좇는다면 풍요로운 미래는 요원해질지도 모른다. 인공지능과 함께 성장하되 인간 고유의 능력과 개성을 함께 꽃피우는 공존의 미래를 디자인해야 한다.

AI 시대의 희망 메시지

인공지능의 눈부신 발전은 우리에게 새로운 기회와 도전을 함께 안겨주고 있다. 과거 공상과학 속에서나 존재하던 AI 기술은 이제 우리 일상 깊숙이 자리 잡았고, 헬스케어부터 금융, 교육에 이르기까지 산업 전반에 걸쳐 혁신의 바람을 일으키고 있다. 하지만 동시에 일자리 대체와 프라이버시 침해, 알고리즘 편향성 등 새로운 사회문제도 대두되고 있다. 이런 변화의 소용돌이 속에서 우리는 불안과 두려움에 휩싸일 수도 있겠지만, 분명 AI는 위기가 아닌 기회이며 우리가 현명하게 대처해 나갈 수 있는 과제라고 생각한다. AI 기술이 가진 혜안과 잠재력을 올바른 방향으로 이끌고 활용한다면, 인류가 안고 있는 다양한 문제의 해법을 찾고 더 나은 미래를 만드는 원동력이 될 것이다. 물론 그 길이 결코 평탄하지는 않을 것이다. 급변하는 환경에 적응하기 위해 우리에게는 끊임없는 학습과 도전이 요구된다. 단순 암기나 주입식 교육에 머물러서는 AI 시대를 역동적으로 헤쳐나가기 어렵다. 평생에 걸친 자기주도적 학습, 폭넓은 경험과 유연한 사고, 창의력과 문제해결력을 갖추는 것이 무엇보다 중요하다. 더불어 AI 시대에는 기술에 대한 철학적 성찰과 윤리적 기준 정립이 필수적이다. 기술의 발전 그 자체에 도취되기보다는, 그것을 어떤 가치관과 방향성을 가지고 사용할 것인지 꾸준히 고민하고 사회적 합의를 이끌어내야 한다. 기술에 의해 인간의 존엄과 가치가 훼손되는 일이 없도록, 프라이버시와 보안을 철저히 지키면서도 기술 혁신의 혜택은 고루 나눌 수 있는 지혜로운 정책과 규범이 마련되어야 할 것이다. 한편 우리는 AI의 발전 속에서도 인간 고유의 영역과 장점을 개발하고 확장해 나가야 한다. 창의력과 공감능력, 도덕성과 심미안은 결코 AI가 대체할 수 없는 인간만의 고유한 능력이다. 인간과 기계가 각자의 강점을 살려 조화롭게 협업하고 보완하는 미래를 설계해야 한다. 이를 위해 AI 활용 교육과 인재 양성에도 더욱 힘써야 하겠다.

AI와 인간이 공존하는 세상을 만드는 일은 결코 한두 세대에 국한된 과제가 아니다. 우리가 지금 어떤 가치관과 철학을 가지고 기술을 발전시켜 나가느냐에 따라, 다음 세대가 누리게 될 미래의 모습이 크게 달라질 것이다. 교육현장에서 AI 윤리와 디지털 소양을 가르치고, 부모로서 건전한 기술관과 미래관을 자녀들과 나누는 일, 학계와 산업계에서 책임감 있는 AI 개발과 활용을 도모하는 일 등 할 일이 많다.

역사적으로 인류는 수많은 기술 혁명의 시기를 겪으며 성장해왔다. 증기기관과 전기가 일으킨 산업혁명, 컴퓨터의 등장으로 서막을 연

정보화 혁명은 인류에게 전에 없던 번영과 풍요를 가져다주었다. 하지만 그 뒤에는 기술을 발명하고 사용하는 인간의 노력과 지혜, 가치관과 철학이 있었기에 가능한 일이었다. 이제 우리는 인공지능이라는 새로운 기술 혁명의 한가운데 서 있다. 이 거대한 변화의 물결을 두려워하거나 거스르기보다는, 파도 위에 올라타 희망찬 미래를 향해 전진해 나가야 할 때이다. 우리가 현명하게 대처하고 바른 방향으로 이끌어 나간다면, AI는 분명 위기가 아닌 더 나은 세상을 만드는 기회가 될 것이다. 지금 우리에게 필요한 것은 지속적 학습과 성장의 자세, 혁신을 포용하되 인간의 존엄성을 지키려는 지혜와 균형감각이다. 걱정과 불안보다는 가능성과 희망의 눈으로 미래를 바라보자. 기술을 발전시키되 인간 본연의 모습도 잃지 않는, 기계와 생명이 조화롭게 공존하며 더불어 번영하는 아름다운 미래를 향해 우리 모두 지혜와 용기를 모아 전진해 나가자. AI 시대의 주역은 다름 아닌 바로 우리 자신이다.

인공지능 기술의 발전은 엄청난 속도로 진행되고 있다. 머지않은 미래에는 지금으로서는 상상하기 어려운 놀라운 모습들이 우리 눈앞에 펼쳐질지도 모른다. 하지만 그 화려한 기술 이면에는 여전히 기술을 만들고 사용하는 인간이 있다. 강인한 학습 의지와 윤리 의식, 창의력과 공감 능력을 갖춘 인재들이 미래 사회의 든든한 버팀목이 되어줄 것이다. 지금 이 순간에도 AI 연구자들은 더 효율적이고 투명한 알고리즘을 고안하기 위해, 기업가들은 AI 기술로 사회문제 해결에 도전하기 위해, 교육자들은 미래 인재 양성을 위한 커리큘럼을 고민하기 위해 열정을 쏟아붓고 있다. 정부와 시민사회도 AI가 가져올 변화에 지혜롭게 대응하고 바람직한 방향을 제시하기 위해 활발한 담론을 이어가고 있다. 우리가 마주할 AI 시대의 미래는 결국 지금 우리의 선택과 노력에 의해 만들어질 것이다. AI라는 새로운 파트너와 함께 더 지능적이고 창의적인 방식으로 일하고 소통하며, 다양성과 포용성의 가치 위에 건강하고 역동적인 사회를 일궈나가는 것. 그것이 바로 우리가 향해 나아가야 할 희망찬 미래의 좌표라고 생각한다. 우리에겐 이미 수많은 인류 문명사적 대전환의 시기를 슬기롭게 헤쳐나간 경험과 지혜가 있다. 불확실한 미래를 향해 나아가는 길은 결코 녹록지 않겠지만, 우리가 함께 힘을 모은다면 얼마든지 새로운 기회를 발견하고 도전을 극복해 나갈 수 있을 것이다. 기술은 발전하고 시대는 변화하지만, 우리가 추구하는 인류 보편의 가치와 이상은 영원할 테니까.

지속적인 학습과 도전의 자세

인공지능 시대를 맞아 우리는 끊임없는 변화와 도전에 직면하고 있다. 기술의 발전 속도가 더욱 가속화되면서 미래는 예측하기 어려워지고 있지만, 동시에 새로운 기회의 문이 열리고 있다. 이러한 변화의 물결 속에서 우리가 주도권을 잡고 앞으로 나아가기 위해서는 기계가 아닌 인간 스스로의 힘으로 학습하고 성장하는 자세가 필요하다. 성장 마인드셋은 인공지능 시대를 헤쳐 나가는 데 있어 가장 중요한 자질 중 하나이다. 변화를 두려워하기보다는 개인과 조직의 성장을 위한 기회로 여기는 사고방식이 필요하다. 도전을 받아들이고, 실패에서 배우며, 완벽보다는 진전에 초점을 맞추는 것이 급변하는 기술 환경을 탐색하는 데 필요한 회복탄력성과 적응력을 기를 수 있다.

인공지능의 발전이 가속화되는 세상에서 지속적인 학습은 선택이 아닌 필수가 되었다. 온라인 강좌, 워크숍, 멘토링 프로그램 등 학습 기회를 적극적으로 모색함으로써 경쟁력을 유지하고 해당 분야에 의미 있는 기여를 할 수 있는 기술과 지식을 습득할 수 있다. 평생학습의 자세는 문제해결 능력을 향상시킬 뿐만 아니라 시야를 넓히고 삶을 풍요롭게 한다. 자기계발 영역을 파악하는 것도 인공지능 시대를 효과적으로 헤쳐 나가는 데 필수적이다. 자신의 강점과 약점을 객관적으로 평가하고, 업계 트렌드를 조사하며, 스킬 인벤토리를 작성하여 자기계발 노력에 집중해야 할 부분을 식별할 수 있다. 목표 지향적인 학습 계획을 세우고 해당 분야의 다른 사람들과 교류하는 것이 기술 변화에 대응하는 데 필요한 역량을 기르는 데 도움이 된다. 적응력과 회복탄력성을 키우는 것도 빠른 변화와 불확실성이 특징인 인공지능 시대에 성공의 핵심 요소이다. 성장 마인드셋을 받아들이고, 호기심을 갖고 개방적인 자세를 유지하며, 튼튼한 역량의 토대를 쌓음으로써 역경에서 빠르게 회복하고 새로운 상황에 효과적으로 적응하는 능력을 기를 수 있다. 지지적인 네트워크로 자신을 둘러싸고, 스트레스 관리 기법을 연습하며, 업계 동향을 파악하는 것이 회복탄력성과 적응력을 한층 더 강화할 수 있다. 인공지능이 더 많은 일상적인 업무를 담당하게 됨에 따라 창의성과 비판적 사고와 같은 인간 고유의 능력이 더욱 가치 있게 될 것이다. 호기심을 장려하고, 실험과 협업의 기회를 제공하며, 지속적인 학습 문화를 조성함으로써 우리 자신과 타인의 핵심 역량을 함양할 수 있다. 개방성, 성찰, 건설적인 피드백을 촉진하는 활동에 참여하는 것이 인공지능 시대에 혁신적인 아이디어를 창출하고 복잡한 문제를 해결하는 능력을 한층 더 높일 수 있다.

다가올 미래에는 단순 기능 인력보다는 감성 지능, 창의력, 공감 능력 등 인간만이 가진 고유한 능력을 갖춘 인재가 더욱 각광받을 것이다. 인간과 인공지능이 서로의 강점을 살리며 시너지를 발휘할 수 있도록 업무 방식을 재설계하는 것이 중요하다. 기계와 경쟁하기보다는 인간의 역할을 재정의하고, 기술 활용 능력과 함께 소프트 스킬을 갖춘 창의적 인재로 거듭나는 것이 필요하다. 교육 혁신 또한 인공지능 시대의 필수 과제이다. 단순 암기식 교육에서 벗어나 창의력, 문제해결, 비판적 사고력 등을 기를 수 있는 교육으로의 전환이 시급하다. 개인의 잠재력을 극대화할 수 있도록 맞춤형 교육을 제공하고, 인공지능 활용 능력을 키우는 동시에 인문학적 소양을 갖출 수 있는 교육과정이 마련되어야 한다. 학령기뿐 아니라 평생에 걸쳐 지속적으로 학습하고 새로운 역량을 개발하는 것이 인공지능 시대를 살아가는 개인과 사회의 경쟁력을 높이는 열쇠가 될 것이다. 인공지능의 사회적 영향력이 커짐에 따라 기업의 사회적 책임 또한 중요해지고 있다. 인공지능으로 인한 일자리 감소, 프라이버시 침해, 알고리즘 편향성 등의 문제에 선제적으로 대응하고, 사회적 약자 배려와 포용성 제고를 위해 노력해야 한다. 인공지능의 윤리 기준 정립과 책임 있는 활용을 위한 가이드라인 수립 등 다양한 이해관계자가 참여하는 사회적 논의가 필요하다. 기술 혁신이 모두에게 기회가 되고 사회 전체의 지속가능한 발전으로 이어지도록 하는 방안을 함께 고민해야 할 때이다.

우리는 지금 인간과 기술이 조화를 이루며 함께 발전해 나가는 새로운 시대로 나아가고 있다. 변화를 기회로 만들고, 인간의 고유한 가치를 발현하며, 포용과 배려의 공존 방식을 모색해 나가는 지혜가 어느 때보다 절실하다. 인공지능 시대에 대한 막연한 두려움 대신 새로운 가능성에 주목하며, 적극적인 학습과 도전의 자세로 변화를 주도해 나가는 용기와 혜안이 우리 모두에게 필요한 때이다.

AI와 교육의 융합은 미래 세대 육성에 있어 간과할 수 없는 화두이다. 단순 지식 전달이 아닌 창의력, 문제해결력, 감성 지능 등을 기르는 교육 혁신이 요구된다. 이를 위해 AI 기술을 교육에 접목하는 노력과 함께, 인간 고유의 능력을 계발하는 데에도 방점을 두어야 한다. 다음 세대에게 더 나은 세상을 물려주기 위해서는 지금부터 미래를 위한 준비가 시작되어야 한다. 교육 패러다임의 전환, 안전망 확충, 사회 시스템 재설계 등 인공지능 시대에 걸맞은 변화가 속도감 있게 추진되어야 한다. 기술의 발전이 가져올 부작용은 최소화하면서 그 혜택은 모두가 함께 누릴 수 있도록 하는 종합적 접근이 요구된다. 우리 사회 구성원 모두가 인공지능 시대의 주역이 되어 협력과 연대의 힘으로 더 포용적이고 지속가능한 문명으로 나아가야 할 것이다.

인공지능의 급격한 도약은 인류에게 위기인 동시에 기회이다. 지금이야말로 기술과 인간, 경제성장과 공정성장, 효율과 포용의 조화로운 균형점을 찾아야 할 중요한 시기이다. 성장과 도전의 자세로 새로운 역량을 갖추고, 기술을 지혜롭게 활용하며, 인간 고유의 가치를 구현해 나갈 때 우리는 인공지능 시대를 기회로 만들어 갈 수 있을 것이다. 인간과 기술의 공존이 만들어갈 더 나은 미래를 향해 우리 모두 지금부터 새로운 가능성에 도전하고 혁신의 항로를 함께 열어가야 할 때이다.

지혜로운 선택과 실천

인공지능 기술이 급속도로 발전하면서 우리 삶의 모든 영역에 스며들고 있는 지금, 우리는 이 강력한 기술을 어떻게 현명하게 사용하고 발전시켜 나가야 할지에 대한 근본적인 질문에 직면하게 된다. 기술의 발전 속도를 좇아가기에 바쁜 나머지 그 의미와 방향성에 대한 진지한 성찰을 놓치기 쉬운 것이 사실이다. 하지만 우리가 만들어가는 미래가 인간과 기술의 조화로운 공존을 이뤄내기 위해서는 이 시점에서 반드시 필요한 과정이 아닐 수 없다.

인공지능의 발전은 인류에게 엄청난 기회의 문을 열어주고 있다. 의료 분야에서는 인공지능을 활용한 질병 진단과 신약 개발이 빠르게 진행되고 있고, 제조업에서는 스마트 팩토리를 통해 생산성과 품질을 혁신적으로 높이고 있다. 금융, 교육, 예술 등 다양한 분야에서 인공지능은 기존의 한계를 뛰어넘는 새로운 가치를 만들어내고 있다. 이처럼 인공지능은 분명 우리 삶을 더 나은 방향으로 이끌 잠재력을 가진 기술임에 틀림없다. 그러나 동시에 우리는 이 기술이 가진 위험성에 대해서도 깊이 고민하지 않을 수 없다. 편향된 데이터를 학습한 인공지능이 차별과 불평등을 심화시킬 수 있다는 우려, 인간의 일자리를 대체하면서 발생할 수 있는 사회적 문제, 인공지능 알고리즘의 블랙박스화로 인한 책임 문제 등은 결코 가볍게 볼 수 없는 도전과제들이다. 따라서 우리는 지금 이 시점에서 인공지능이라는 강력한 도구를 어떤 가치와 방향성을 가지고 사용하고 발전시켜 나갈 것인지에 대한 사회적 합의를 이뤄 나가는 지혜가 필요하다. 기술 개발과 활용에 있어 인간 중심의 가치와 윤리 기준을 세우는 일, 기술로 인한 불평등과 부작용을 최소화하기 위한 제도적 장치를 마련하는 일, 변화의 과정에서 배제되는 계층없이 모두가 함께 가는 포용적 전환을 모색하는 일 등이 우리 앞에 놓인 시대적 과제라 할 수 있다. 무엇보다 중요한 것은 우리 각자가 변화를 맞이하는 주체적인 자세를 갖추는 일이다. 인공지능 시대에 요구되는 핵심 역량을 꾸준히 함양하고, 기술과 공존하는 삶의 방식을 능동적으로 설계해 나가야 한다. 인간과 기술의 관계를 바라보는 근원적 질문을 끊임없이 던지면서, 인간 고유의 가치를 발현하고 확장하는 기회로 삼는 자세가 필요한 때이다. 그 어느 때보다 혁신의 속도가 빠르고 파급력이 큰 시대를 살아가고 있다. 이런 시기일수록 '어떤 미래를 향해 나아가고 싶은가'라는 근본적 질문을 놓치지 않는 것이 중요하다. 지금 우리가 만들어가는 선택과 노력이 다음 세대가 살아갈 미래의 모습을 결정짓는다는 사실을 잊어서는 안 되겠다.

인공지능을 비롯한 신기술의 발전이 가져올 충격에 대비하는 일, 그 과정에서 소외되는 계층을 보듬는 공동체적 연대, 기술 발전의 성과

가 모두에게 돌아갈 수 있도록 하는 포용적 혁신, 그리고 근본적으로 기술을 인간의 존엄과 가치 실현을 위한 도구로 사용하겠다는 확고한 철학. 우리에게 지금 필요한 것은 이런 지혜와 자세가 아닐까 싶다.

기술의 발전을 막을 수는 없다. 변화의 물결 앞에 두려움에 머무를 수도 없다. 중요한 것은 우리가 어떤 질문을 던지며, 어떤 가치와 철학을 가지고 변화의 파도를 헤쳐나가느냐이다. 우리에게는 그 어느 때보다 선택의 기로에 선 인류애적 혜안이 필요한 때이다. AI 기술 발전에 발맞춰 각국 정부는 AI 국가전략을 수립하고, 윤리 규범 마련에도 속도를 내고 있다. 미국의 AI 권리장전, EU의 AI 법안 등이 대표적이다. 한편 기업들은 책임감 있는 AI 개발을 위한 자발적 노력도 기울이는 중이다. AI 윤리 위원회 설립, 알고리즘 편향성 점검, AI 설명 가능성 제고 등이 그 예이다. 기술을 인간다운 삶을 위한 도구로 현명하게 사용할 때, 비로소 우리는 인간과 기술의 공존이 빚어내는 아름다운 미래를 맞이할 수 있을 것이다.

우리는 역사상 유례없는 기술 혁명의 시대를 살아가고 있다. 인공지능을 비롯한 지능정보기술의 급격한 발전은 우리 삶의 모든 영역에 엄청난 변화를 몰고 오고 있다. 이런 전환기를 살아가는 우리에게 무엇보다 필요한 것은 기술과 인간, 그리고 사회가 조화를 이루며 함께 번영하는 미래, 다음 세대에게 더 나은 세상을 물려줄 수 있는 미래를 만들어가겠다는 지혜롭고 확고한 의지가 아닐까 싶다.

눈부신 기술 발전 속에서도 인간 고유의 가치와 존엄성을 지키고, 기술이 초래할 수 있는 부작용과 불평등에 공동체적 연대로 대응하며, 변화를 포용적이고 지속가능한 방식으로 이뤄내는 사회. 그런 성숙한 모습으로 다음 세대에게 미래를 토대를 물려주는 것, 그것이 지금 우리가 마주한 시대적 소명이자 과제라 할 수 있겠다. 그 길은 결코 쉽지 않을 것이다. 낯선 변화 앞에 두려움을 느끼는 것은 당연한 일이고, 기술이 가져올 충격을 완화하고 사회적 합의를 이루는 과정은 진통을 동반할 수밖에 없다. 하지만 분명한 것은, 우리가 서로를 향해 손을 내밀고 지혜를 모아갈 때 그 길을 충분히 헤쳐나갈 수 있으리라는 사실이다.

인공지능 시대를 살아가는 우리에게 가장 필요한 것. 그것은 기술 발전에 스스로를 끊임없이 적응시켜가는 학습의 자세, 그 속에서도 인간과 사회, 그리고 자연의 지속가능한 공존을 향한 성찰과 지혜, 그리고 그 길을 함께 만들어가는 연대와 공감의 마음가짐이 아닐까. 우리 모두가 이런 자세로 새로운 미래를 열어가는 주체로 나설 때, 비로소 우리는 인간과 기술의 아름다운 공존이 빚어내는 새로운 문명의 장을 열어갈 수 있을 것이다. 지금 우리에게 절실히 필요한 것은 그런 희망의 메시

지이다. 인공지능을 비롯한 새로운 기술의 발전은 분명 엄청난 기회이자 도전이다. 하지만 우리에겐 그 도전을 슬기롭게 헤쳐나갈 역량과 잠재력이 있다. 인류는 긴 역사 속에서 수많은 문명적 전환기를 맞이하며 위기를 기회로 만들어왔다. 지금의 우리에게도 그런 지혜와 용기가 있다고 믿는다. 중요한 것은 우리 모두가 능동적이고 주체적인 자세로 변화에 대응하는 것이다. '무엇을 위한 기술인가', '어떤 사회를 만들어가고 싶은가'라는 근본적 질문을 놓치지 않고, 그 해답을 향해 지혜와 노력을 모아가는 일. 어려운 과제이지만 반드시 우리가 풀어내야 할 숙제이다.

인간 고유의 가치 추구

인공지능의 급격한 발전 속에서 인간만이 가진 고유한 가치와 능력을 발휘하는 것이 그 어느 때보다 중요해졌다. 창의성과 상상력은 데이터와 알고리즘에 의존하는 인공지능과 차별화되는 인간만의 독보적인 영역이다. 기계는 정해진 규칙에 따라 주어진 정보를 처리할 뿐이지만, 인간은 감정과 직관을 바탕으로 전혀 관련 없어 보이는 아이디어 사이의 연결고리를 만들어낸다. 바로 이 특별한 능력이 바퀴의 발명부터 페니실린의 발견에 이르기까지 역사상 가장 위대한 혁신을 이끌어냈다. 하지만 창의성과 상상력은 시작에 불과하다. 인간관계와 의사결정의 복잡성을 헤쳐 나가는 데에는 감성 지능과 공감 능력 또한 결정적이다. 타인의 감정을 이해하고 공유하며, 견고한 유대관계를 만들고, 모든 관련자의 입장을 고려한 연민 어린 선택을 하는 것은 인간만이 할 수 있는 일이다. 인공지능은 표정과 어조를 인식하도록 프로그래밍될 수는 있어도 그 이면의 감정적 맥락을 진정으로 파악하거나 상대방의 처지에 몸을 맡길 수는 없다.

감정에 대한 이해가 부족한 인공지능의 한계는 윤리적, 도덕적 딜레마에 직면했을 때 특히 두드러진다. 이런 상황은 대개 주관적 가치관, 문화적 규범, 맥락 특유의 뉘앙스 등 현존하는 인공지능 시스템의 능력 밖의 것들을 포함한다. 다양한 행동이 초래할 결과와 위기에 처한 윤리 원칙을 심사숙고하여 우리의 가치관과 사회 전체의 이익에 부합하는 결정을 내리는 순간이야말로 인간의 비판적 사고와 판단력이 빛을 발한다. 물론 인공지능 시대를 헤쳐 나가는 일이 어려움 없이 이뤄지지는 않을 것이다. 급격한 기술 변화의 속도는 벅차게 느껴질 수 있고, 일자리를 잃게 될지 모른다는 두려움은 많은 이에게 실존적 위협으로 다가온다. 그러나 역사를 돌이켜보면 인간에게는 새로운 환경에 적응하고 역경을 딛고 일어설 수 있는 적응력과 회복탄력성이라는 무기가 있음을 알 수 있다. 창의성, 비판적 사고력, 감성 지능 등 쉽게 자동화되기 힘든 기술에 주력함으로써, 끊임없이 진화하는 기술의 세계에서도 우리는 번영할 수 있는 발판을 마련할 수 있다. 나아가 도전을 학습과 성장의 기회로 바라보는 성장 마인드셋을 받아들이는 것은 미래를 낙관적이고 유연한 자세로 맞이하는 데 도움이 될 것이다. 우리의 지력과 역량이 노력과 인내를 통해 계발될 수 있다는 사실을 인지함으로써, 막막해 보이는 난관 앞에서도 희망을 놓지 않을 수 있다. 하지만 아마도 우리가 가진 가장 강력한 무기는 협력하여 공동의 목표를 향해 매진할 수 있는 능력일 것이다. 피라미드 건설부터 생명을 구하는 백신 개발에 이르기까지 역사상 가장 주목할 만한 성취들은 인간 협업의 산물이었다. 다양한 배경과 전문 분야를 아우르는 사람들이 힘을 모았을 때, 그들은 서로의 가정에 의문을 제기하고, 새로운 아이디어를 만들어내며, 복잡다단한 문제에 창의적인 해법을 찾아낼 수 있다. 게다가 협업은 관계와 네트워크로부터 발생하는 가치인 사회적 자본의 형성을 촉진한다. 신뢰와 협력, 상호 지지의 정신은 성공적인 팀과 조직의 토대가 된다. 효과적인 소통과 공감, 그리고 공유된 사회적 규범과 문화적 가치의 함양을 통해서만이 우리는 변화의 소용돌이 속에서도 굳건히 버틸 수 있는 응집력 있는 사회를 구축할 수 있다. 결국 인공지능 시대는 도전과 기회를 동시에 안겨 준다. 새로운 기술이 가진 잠재력을 포용하는 것도 중요하지만, 오직 인간만이 지닌 고유한 가치 또한 인정할 필요가 있다. 창의성과 감성 지능, 비판적 사고력, 적응력, 그리고 협업 정신을 발휘함으로써 우리는 미래의 복잡성을 헤쳐 나가고 모두를 위한 더 나은 세상을 만들 수 있다. 인공지능 시대의 이야기를 새롭게 써내려 가는 일, 즉 그것을 인류 존엄에의 위협이 아닌 급변하는 세계에서 인간다움의 의미를 재정의할 기회로 삼는 일은 우리의 몫이다.

앞으로 다가올 미지의 영역을 탐험하며, 아리스토텔레스가 남긴 명언을 되새겨 보자. "전체는 부분의 합보다 크다." 인간과 기계, 창의성과 논리, 공감과 분석이 시너지를 발휘할 때에만이 우리는 잠재력을 최대한 끌어내어 기술적으로 진보하면서도 근본적으로는 인간적인 미래를 만들어낼 수 있다. 호기심과 용기, 연대의 자세로 인공지능 시대를 맞이하자. 우리 인간만의 독특한 역량과 가치관이 언제나 변화의 소용돌이 속 등대가 되어 줄 것이다.

다음 세대를 위한 준비

인공지능의 눈부신 발전 속에서 우리는 다음 세대를 어떻게 준비시켜야 할까? 미래를 이끌어갈 주역인 우리 아이들이 AI 시대를 잘 헤쳐나가도록 돕는 것은 우리 모두의 책임이자 과제이다. AI와 더불어 살아갈 아이들에게 무엇보다 필요한 것은 기술 활용 능력이다. 코딩, 데이터 분석, 알고리즘 설계 등 AI의 기본 개념과 원리를 어릴 때부터 자연스럽게 익히게 해야 한다. 이를 위해 학교 교육과정에 AI 관련 과목을 필수적으로 포함시켜야 한다. 전문 강사를 초빙하고 실습 위주의 수업을 진행하는 등 학생들이 흥미를 갖고 배울 수 있는 교육 환경을 조성해야 할 것이다. 또한 창의력과 문제해결력을 길러주는 것이 중요하다. AI는 정해진 패턴대로 데이터를 처리하지만, 인간만이 창의적 사고로 새로운 문제를 찾아내고 해결할 수 있기 때문이다. 프로젝트 기반 학습, 토론식 수업 등 학생들이 스스로 생각하고 탐구하는 교육 방식을 확대해야 한다. 다양한 분야의 지식을 융합하여 창의적 산출물을 내놓는 메이커 교육도 적극 도입할 필요가 있다. AI 시대를 이끌 인재에게는 윤리의식도 갖추어야 한다. AI의 잠재력만큼이나 위험성도 크기에, 기술의 올바른 활용을 위한 윤리 기준과 규범이 마련되어야 하는 상황이다. 학교에서는 AI 윤리에 대한 교육을 강화하고, 학생들이 기술의 사회적 영향력을 인식하며 책임감 있게 행동하도록 이끌어야 한다. 이를 위해 AI 윤리 딜레마 사례를 활용한 토론 수업, 관련 전문가 초청 강연 등의 프로그램을 운영할 수 있겠다. 무엇보다 평생학습 역량을 키워주어야 한다. AI 기술은 급속도로 발전하고 있어, 어릴 때 배운 지식만으로는 부족하다. 새로운 것을 계속 배우고 적응하려는 자세가 필요한 것이다. 이를 위해 호기심과 탐구심을 자극하는 교육, 스스로 학습하는 방법을 가르치는 교육이 이뤄져야 한다. 다양한 분야에 대한 관심을 장려하고, 배움에 대한 즐거움을 경험하게 하는 것이 중요하다. 정부와 기업의 지원도 필수적이다. 정부는 AI 교육 인프라를 구축하고, 관련 교육 프로그램을 개발·운영하는 데 적극 투자해야 한다. 기업은 산학 연계를 통해 AI 실무 역량을 갖춘 인재를 양성하고, 교육 현장에 전문 인력을 지원하는 등 사회적 책임을 다해야 할 것이다.

AI 시대를 준비하는 교육은 가정과 사회 모두의 참여가 필요하다. 부모는 자녀가 기술을 잘 활용하되 윤리의식을 갖출 수 있도록 지도해야 한다. 사회적으로는 AI 교육의 중요성에 대한 공감대를 형성하고, 교육 기회를 확대하기 위해 노력해야 한다. 정부와 기업의 적극적인 지원 또한 요구된다. AI 인재 양성을 위한 투자, 교육 인프라 구축, 산학연계 강화 등 다각도의 노력이 필요한 시점이다. 우리 아이들이 AI라는 도구를 잘 다루되, AI에 의존하거나 휘둘리지 않는 균형 잡힌 역량을 갖출 수 있도록 도와야 한다. 기술을 윤리적으로 사용하고, 창의력으로 새로운 가치를 만들어내는 인재로 성장할 수 있게 뒷받침해야 할 것이다. 기계가 아닌 인간다움을 지키며, AI와 협업하는 민주시민으로 자라날 수 있도록 우리 모두 힘을 보태야 하겠다.

공존과 번영의 미래를 향하여

인공지능이 우리 삶에 가져올 변화는 상상을 초월한다. 단순히 편리함을 넘어, 산업과 사회 전반에 걸쳐 혁신의 동력이 되고 있다. 헬스케어부터 금융, 제조, 교육에 이르기까지 AI는 이미 우리 곁에 다가와 있다. 질병을 예측하고 맞춤형 치료를 제공하는 의료 서비스, 로보어드바이저를 통한 자산관리, 스마트팩토리에서의 생산 효율화, 개인화된 학습 지원까지. AI의 손길이 미치지 않는 영역이 없을 정도이다. 알파폴드 AlphaFold 로 대표되는 AI 기반 단백질 구조 예측은 신약 개발에 혁명을 예고하고 있다. 아울러 AI를 활용한 기후변화 대응, 신재생 에너지 최적화 등 지구적 과제 해결에도 희망적 징후가 나타나고 있다.

AI는 기업 경영에도 새로운 바람을 불어넣고 있다. 데이터 기반의 의사결정, 고객 맞춤형 서비스, 수요 예측과 공급망 최적화 등 AI 도입은 이제 선택이 아닌 필수가 되었다. 나아가 AI 기반 스타트업의 도전은 기존 산업 지형을 뒤흔들며 혁신의 새로운 동력이 되고 있다. 하지만 AI가 가져올 일자리 변화도 주목해야 한다. 일부 업무의 자동화로 사라지는 일자리도 있겠지만, AI와 협업하며 새로운 가치를 창출하는 일자리도 늘어날 것이다. 창의력과 감성 지능, 문제해결력 등 인간 고유의 능력이 더욱 중요해지는 시대. AI와 인간이 협업하는 방식의 혁신이 필요한 때이다.

AI는 사회 전반에 걸쳐 광범위한 영향을 미치며 다양한 과제를 제기하고 있다. 특히 윤리와 책임성 확보, 포용적 혁신의 모색 등이 중요한 화두로 떠오르고 있다. 교육 체계의 변화, 법과 제도의 정비, AI에 대한 사회적 합의 도출 등 풀어야 할 숙제도 만만치 않다. 이러한 도전 과제에도 불구하고 AI는 분명 우리에게 큰 기회를 제공한다. 새로운 비즈니스 창출과 삶의 질 향상, 사회문제 해결 등 AI의 긍정적 잠재력은 무궁무진하니까. AI 경쟁력 확보가 국가 경쟁력의 핵심 열쇠가 되고, AI를 활용한 지속가능한 발전이 모색되는 상황이다. 변화를 기회로 만드는 통찰과 실행력이 어느 때보다 필요한 시점이다. 무엇보다 AI 시대의 주역은 바로 우리 자신이다. 우리의 일상 속으로 성큼 다가온 대화형 AI 모델들은 이러한 변화를 더욱 가속화하고 있다. AI와 협업하며 더 나은 가치를 만들어가는 것, 기술 속에서도 인간다움의 본질을 잃지 않는 것. 그것이 AI 시대를 살아가는 우리 모두에게 주어진 시대적 과제이자 기회일 것이다. 변화에 능동적으로 대처하고 새로운 역량을 갖추기 위해 끊임없이 학습하고 도전하는 자세가 필요하다. 동시에 기술 발전 속에서도 인간 고유의 가치를 잃지 않는 것이 중요하다. AI를 지혜롭게 활용하고 조화를 이루며 성장의 기회로 삼는 열린 자세. 그것이 AI 시대를 슬기롭게 헤쳐나가는 지혜가 아닐까 싶다.

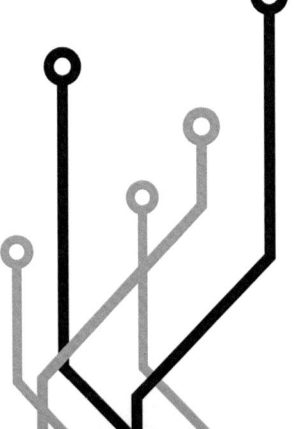

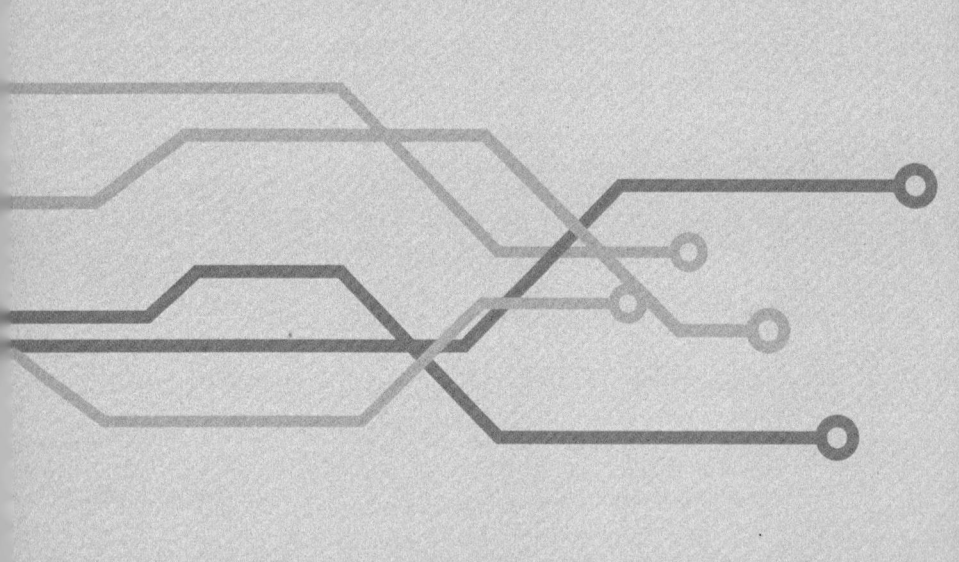

| 마치며 |

　　대량의 데이터가 쏟아지는 시대, AI가 세상을 지배할 것이라는 두려움이 존재한다. 하지만 진정한 두려움의 대상은 AI 그 자체가 아니라 AI라는 도구를 어떻게 활용하고 통제할 것인가 하는 것이 중요한 과제로 부상하고 있다. AI 기술의 폭발적 성장은 우리에게 엄청난 가능성을 선사하고 있지만, 그에 못지않은 우려의 목소리 또한 존재하는 것이 사실이다. AI의 발전이 인류에게 유토피아를 가져다줄지, 아니면 디스토피아로 이끌지는 오롯이 우리의 선택에 달려 있다.

　　AI 시대를 살아가는 우리에게 가장 필요한 것은 변화에 대한 적응력이다. 유연한 사고와 끊임없는 학습으로 급변하는 환경에 발 맞춰 나가는 자세가 요구된다. 평생학습은 선택이 아니라 필수가 되어가고 있으며, 과거의 지식과 기술에 안주해서는 도태될 수밖에 없다. 동시에 우리는 기술의 발전 속도에 현혹되지 말고, 창의력, 공감능력, 복합적 문제해결능력 등 기계가 대체하기 어려운 인간 고유의 능력을 개발하고 발휘하는 데 힘써야 한다.

  AI와 인간이 조화롭게 공존하며 시너지를 발휘할 때, 우리는 더 나은 미래를 만들어 갈 수 있다. 이를 위해 우리는 AI의 혜택을 모두가 공평히 누릴 수 있는 세상을 만들어야 한다. 교육 기회의 확대를 통해 누구나 AI를 배우고 활용할 수 있는 환경을 조성하는 한편, 윤리 기준이 결여된 무분별한 AI 개발은 인류에게 재앙이 될 수 있음을 명심해야 한다. 인간의 존엄성과 가치를 해치지 않는 선에서 AI 기술이 발전되어야 하며, 개발 과정에서 투명성과 설명 가능성이 담보되고 엄격한 윤리 규범이 적용되어야 할 것이다. 무엇보다 AI 시대에는 인간성에 대한 고민이 그 어느 때보다 절실해 보인다. AI와 공존하는 시대, 오직 인간만이 느낄 수 있는 감정, 인간만이 만들어낼 수 있는 가치를 재발견해야 한다. 기술은 인간다움을 잃지 않는 범위에서 수용되고 발전되어야 한다. 변화에 능동적으로 대처하고, 인간 고유의 능력을 발휘하며, 포용성을 갖추고, 기술과 인간다움의 조화를 추구할 때, 우리는 AI 시대를 기회로 만들 수 있다. 우리가 지금 어떤 선택을 하느냐에 따라 AI가 가져올 미래는 판이하게 달라질 수 있다. AI를 경제적 이익만을 좇는 도구로 전락시킨다면 디스토피아에 다다를 지도 모른다. 하지만 인간의 보편적 가치 실현을 위해 AI의 잠재력을 현명하게 활용한다면, AI는 인류 번영의 원동력이 될 것이다. 지금이 바로 그 미래의 방향타를 잡아야 할 중대한 시점이다. 우리에겐 그 어느 때보다 지혜와 통찰, 그리고 이성적 판단이 필요한 때이며, AI를 어떻게 발전시키고 활용할 것인지에 대한 사회적 합의를 모아내는 것이 그 출발점이 될 것이다.

AI의 미래는 결코 정해져 있지 않으며, 그것을 결정할 열쇠는 바로 우리의 손에 쥐어져 있다. 현명한 선택으로 AI와 함께 꿈꾸는 미래, 인간의 존엄이 존중받는 아름다운 세상을 만들어 가는 것, 그것은 결코 만만한 도전이 아니다. 하지만 우리에게는 그 도전을 풀어낼 잠재력과 자격, 능력, 그리고 의지가 있다. AI가 인간을 대체하는 것이 아니라 인간의 능력을 배가하는 도구가 되기를, 우리 스스로의 선택과 노력으로 그 길을 만들어 나가기를 희망한다. 다가올 AI 시대, 우리 모두가 서로를 격려하고 연대하며 지혜롭게 헤쳐나가기를 기대한다. 공존과 번영의 길에서 그날을 고대하며, 포용적이고 지속가능한 발전을 이끄는 인간 중심의 AI 사회를 향해 나아가는 여러분 모두에게 응원의 마음을 보낸다.

AI 레볼루션

발 행 2024년 7월 26일 초판 1쇄 발행
저 자 장세훈
발행처 클레버니스
발행인 조성준
주 소 서울특별시 은평구 갈현로11길 46
전 화 010-2993-3375
팩 스 02-2275-3371
등록번호 제 2024-000045호
등록일자 2024년 5월 9일
ISBN 979-11-94129-27-1 (13320)
정 가 20,000원

※ 이 책은 저작권법에 의해 보호를 받는 저작물로 무단 전재나 복제를 금지하며,
※ 이 책 내용의 전부 또는 일부를 이용하려면 반드시 저작권자나 발행인의 서면동의를 받아야 합니다.
※ 파본 및 낙장은 구입하신 서점에서 교환하여 드립니다.